デカルトの誤謬論と自由

デカルトの誤謬論と自由

福居　純著

知泉書館

凡　例

一　デカルトの著作は、*Œuvres de Descartes*, publiées par Charles Adam et Paul Tannery, Vrin, 1964–1974. から引用して、これをATと略記し、その巻数と頁数とを付した。

二　『省察』(*Meditationes de Prima Philosophia*) 及び『哲学原理』(*Principia Philosophiae*) からの引用の略記の仕方は次の通りである。

　　4ªM＝「第四省察」

　　Prin., I, 7＝『哲学原理』「第一部第七節」

三　デカルトの日本語訳については、『デカルト著作集』全四巻、白水社、一九七三年、『世界の名著・デカルト』野田又夫責任編集、中央公論社、一九六七年、および『省察』三木清訳、岩波書店、一九六二年（第一六刷）、を参照した。

四　注は本書末尾にまとめて付した。

五　［　］内は著者による補足である。

目次

デカルトの誤謬論と自由

一　はじめに

デカルトは自らの形而上学的主著『省察』を書き始めるに当り、「読者への序言」のなかで次のように注意している。「さて今、ともかく一度人々の判断を知った後は、ここに再び私は神と人間的精神とに関するその同じ問題を、そして同時に、第一哲学全体の基礎を、取り扱うことにしようと思う。しかしその際、私は何ら大衆の賞讃をも、また何ら読者の多いことをも、期待しないであろう。否、そればかりか、私はただ本気で私とともに思索し、精神を感覚から、そして同時に、全ての先入見から、引き離すことができまた引き離すことを欲する人々だけに読まれるように、これを書いたのであって、このような人がまったく僅かしか見出されないであろうことを私は十分に知っている。しかるに、私の理由［根拠、推理〕の連結と連関（rationum mearum series & nexus）を包括的に把握する（comprehendere）ことに意を用いないで、多くの人々がよくやることだが、ただ個々の語句にかかずらっておしゃべりをすることに熱心な人々について言えば、彼らはこの書物を読むことから大きな利益を得ることはないであろう。そして、たとえ彼らがおそらく多くの箇所において嘲笑する機会を発見するにしても、何か差迫って重大な、もしくは答弁に値するような反論は、容易に為し得ないであろう。」（*Meditationes, Praefatio*, AT, VII, pp. 9-10.〔　〕内は引用者による補足。）

さらにデカルトは、『省察』の内容に関して当時の学者たちから予め批評を求め、これに答弁を付し、本文に副えて出版しようとするに当り、その〈付録〉を『省察』の体系そのもののなかに挿入することを拒んで、或る書簡のなかで次のように述べている。「……私の書く全てのものにおいて、題材の秩序（ordre des matières）に従わず、ただ理由〔根拠、推理〕の秩序（ordre des raisons）に拠っていることにご注意下さい。つまり、或る題材に関することを全部同一場所で言おうなどとは、私は思わないのです。なぜなら、理由〔根拠、推理」の或るものは他のものよりもはるかに遠くから引き出されねばならぬということがある以上、私としては全部を適切に証明することは不可能だからです。そこで、より容易なるものからより困難なるものへという順序に従って推理していって、或るときは一つの題材に対して、また或るときは他のものに、という風に、私の推論し得るものをそこから引き出すのです。私の考えでは、これが真理を正しく発見しかつ説明する真の道なのです。題材の秩序というものについて申せば、その理由［根拠、推理］が全てばらばらで、したがって、一つの問題についても他の問題についても同じように語り得る人々にしか、これは役立ちませんから、私の『省察』のなかへ、これに対して為され得る反論への答弁を挿入することは、少しも機宜にかなったこととは思われませんし、でき得ることとも思いません。なぜかと申せば、そのようなことをすれば論の続き具合が全部断ち切られましょうし、私の理由［根拠、推理］の力（force de mes raisons）が奪われることにもなるからなのですが、この力と申すものは、大部分の反論が引き出されてくるらしい感覚的事物から、思惟を外らさねばならぬということに、主として依拠しているのです。……」(1)

かくして、『省察』を読むに当ってもっとも肝心なことは、それが「理由［根拠、推理］の秩序」に依拠して書かれている、ということに注目することである。著者の「理由［根拠、推理］」の連結と連関とを包括的に把握す」べく努めねばならない。「秩序（ordo）」とは、第一位のものとして措定された事物は後続のものの助けを借りずに認識されるべきこと、そしてその後続者は先行者によってのみ論証され得るような仕方で後から配列されるべきこと、ただこのことにのみ存する。(2) それゆえ、「題材の秩序」に従った推理の秩序とは、もはや右の意味での秩序ではない。それは当の題材に関して、その予め定められた配列に従った完全な結論を引き出し得るということであり、その推理はやってみるまでもなくその通りに行なわれ得るという意味で、或る種のアプリオリ性を表現している。そのような推理が「全てばらばらで」ある所以である。如何なる問題についても同じように語り得るというのは、実はそのように語らされているという意味で、むしろ強制的な必然性の表現に他ならない。真の意味で「秩序」に従った推理を遂行するためには、何よりも先ず、「感覚的事物から思惟を外らせ」ること、かくて「精神を感覚から、そして同時に、全ての先入見から、引き離す」

ること、ができなければならない。「理由［根拠、推理］の力」は右の一点にこそ依拠しているのである。

この「理由［根拠、推理］の力」を担うものは、言うまでもなく〈方法的懐疑〉であるが、この懐疑は『省察』全篇を貫いて働き、その影を落している。たしかに、この懐疑は、「第二省察」で〈コギトの発見〉に到り、「第三省察」では〈神の存在証明〉を果し、ついに「第四省察」において〈神の誠実性の認識〉のもとに「欺く神」の想定は解除され、かくて〈誇張懐疑〉は消え去るかにみえる。しかし、〈誠実な神〉を論ずる「第四省察」の誤謬論自体が〈方法的懐疑〉への反省に依拠しているのである。さらに、「第五省察」では〈神存在のア・プリオリな証明〉と関連して、「神は欺瞞者でない」ことの知解から、「私が明晰にかつ判明に知覚する全てのものは必然的に真である」という〈明証性の規則〉を論決して（5^aM. AT, VII, p. 70）、同様に〈方法的懐疑〉への反省が認められる。さらにまた、「第六省察」では〈感覚知覚に関する再検討〉を行ない、〈明証性の規則〉に依拠しながら、〈精神と物体［としての身体］との実在的区別〉に到る。そして、この「実在的区別」に依拠しながら〈物体の存在〉を帰結させるのであるが、その際重要なことは、延長の観念の明証性に依拠しながらも、当の明証性を絶対化することなく、いわばそれに制限を加えるかのように、同じく明証的な自然的「傾向性」を介入させる、ということである。言い換えれば、物体の〈本質〉はあくまでも幾何学の示す通りでありながらも、ただ物体の〈存在〉が感覚の与える拘束力の感じにおいてわれわれに示される、というわけである。この〈自然的傾向性〉は判断する「意志における大いなる傾向性」といわば反比例するかのようにして概念されるのであって、それ自体けっして盲目的な性格のものではない。かくして、そこにもまた、あの〈方法的懐疑〉への反省に依拠した誤謬論が再論されているのである(3)。そして最後に、この〈誤謬論の再論〉は、実在的に区別されて相矛盾するかにみえる二つの本性が結合されたような世界、言うなら〈精神と物［身］体との「実体的合一」の世界〉、もまた〈神の誠実性〉に依拠して可能とみなされるのである(4)。以上を要するに、〈方法的懐疑〉の力は『省察』全篇を通して働いているのであって、それが「第四省察」の誤謬論を境にしていわば表《おもて》と裏《うら》とのかたちで論じられているのである。

われわれはこの〈方法的懐疑の力の表と裏の境目〉に、デカルトの「自由」の概念の展開をみるのである。ただ、この「自由」の概念は誤謬論との関係では、デカルトのもう一つの形而上学的主著である『哲学原理』「第一部」でも展開されていて、それは「第四省察」における展開とは異なるかたちを取っている。たとえば、「第四省察」に関して言えば、〈「非決定（indifferentia）」の自由〉が〈神の存在証明〉の前でこそ語られてはいたが、その〈存在証明〉の後では〈内発的同意の自由〉が〈自由の「形相的根拠」〉として強調され、〈「非決定」の自由〉は「自由のもっとも低い段階」に留め置かれるのに対して、『哲学原理』では、〈内発的同意の自由〉も語られこそすれ、〈「非決定」の自由〉が〈神の存在証明〉の前でも後にさえも〈自明〉のものとして強調されている観があるのである。これは矛盾した事態であろうか。

ところで、『省察』が上述の如く「理由［根拠、推理］の秩序」に依拠した著作であるとすれば、『哲学原理』は「題材の秩序」に依拠した著作だと言えよう。別の言い方をすれば、その「論証法（demonstrandi ratio）」が『省察』は「分析（analysis）」的であるのに対して、『哲学原理』は「綜合（synthesis）」的である。デカルトは実際、「論証法」に「分析」と「綜合」の二つを区別している。前者は「或る事物がよって以て方法的に、いわばア・プリオリに（methodice & tanquam a priori）発見されたところの、真の道を示す」ものであり、これに対して後者は、「右とは反対の道を辿って、いわばア・ポステリオリに（per viam oppositam & tanquam a posteriori）」尋ねてゆき、結論のうちに含まれているものを明晰に論証してみせるものである。ただし、このア・ポステリな道において、その「論証付け（probatio）」そのものはア・プリオリな道におけるよりもいっそうア・プリオリである、と。[5] 実際、『哲学原理』は哲学全体を「一本の樹木」に喩えて、自己の体系の論理的秩序を語る（*Prin., Lettre de l'autheur*, AT, IX-2, p. 14）のであって、哲学全体を完成した体系とみて組織された結果の論理を辿る、という体裁を取っている。たとえば、われわれが論じようとしている〈誤謬論〉にしても、『哲学原理』では〈神の存在証明〉〈その〈証明〉も、『省察』においてのように、〈ア・ポステリオリな証明〉から〈誤謬論〉へ、そしてその後〈ア・プリオリな証明〉が論じられた後にア・プリオリな証明〉へ向かう、という順序を辿るのとは逆に、先ず〈ア・プリオリな証明〉

直ちに〈ア・ポステリオリな証明〉が続いている〉の後に位置しているのである。そうだとすれば、右に述べたデカルトの「自由」概念に関する『省察』と『哲学原理』とのあいだにみられる矛盾とも思える差異も、両著作の「論証法」の差異に帰着するのであろうか。以下に若干の分析を試みたい。

二　「第四省察」の誤謬論と自由(6)

1　「神は欺瞞者でない」

誤謬論の本質的基礎を成すものは、「神は欺瞞者でない」、ということの認識である。「第三省察」において知解された神は、一切の完全性を包含し、如何なる欠陥をも免れている神、諸学と知恵の源としての「真なる神」であって、そのような「神が私をいつか欺くということのありえぬ」ことは明らかである（4^a*M*, AT, VII, p. 53)。それというのも、あらゆる詐欺あるいは欺瞞のうちには何らかの不完全性が認められるからである（*ibid*)。「欺く神」は〈全能の神〉を前提する。そして、〈全能であるならば欺くこともできなければならない〉

という意味では、「欺くことができる」ということは「明敏あるいは力能の何らかの証拠である」と言い得るにしても、「欺こうと意志する」という場合には、それはただ単に「邪意か弱さを立証するものでしかない（*ibid*）。ここに言われる「欺瞞のうちに含まれる邪意」とは、「普通の人間に合せた」意味での邪意のことではなく、「全ての人々が哲学するに際して使用しなければならぬところの」「もっと生のままの（magis nudus）、人間には関係しない、真理を表現する」「内的で［つまり、「私は思惟しつつある事物である」という相のもとでの］形相的な」邪意のことである。[7] すなわち、ここで言う邪意とは、〈完全性、言うなら存在者性［在りつつあること性］、言うなら実在性ないし肯定性、から離れている〉、という意味での邪意である。それというのも、「欺瞞の形相」とは「非存在者［在りつつあるなきもの］（non ens）」、すなわち「無、言うなら一切の完全性からこのうえなく離れているもの」（4^a*M*, AT, VII, p. 54.［ ］は引用者による補足）であって、神、言うなら「至高の存在者［至高の在りつつあるもの］（summe ens）」がそれへと赴くことのけっしてあり得ぬものだからである。[8] かくして、〈神は欺くまいと意志する〉ということになるのであるが、そのことにおいては、〈欺かないという決定性、言うなら知性の完全性〉が〈欺くことも欺かぬこともできるという非決定性、言うなら意志の完全性〉と不可分離的に一なる事態である(9)、ということが理解されねばならない。「神におけるこのうえもない非決定（summa indifferentia）は神の全能のこのうえもない証拠であって(10)」、〈欺くこともできる者として欺かない〉ということが重要なのである。〈欺かない〉ということがいわば自覚的に果されるのでなければならない。〈欺かない〉ということが神に課されるのではない。〈欺かない〉というだけならば、それは〈欺かない〉という完全性の一つが神に帰されるべき他の一切の完全性に複合されるようにして、私の思惟によって神に課されるということを語るものに他ならない。重要なことは、神に帰される一切の完全性の複合は当の複合の完全性をも含んでいなければならぬ、ということである。そのためには、〈欺くまいと意志する〉ということによって、知性の完全性が同時に意志の完全性である、という事態にならねばならない。意志の完全性とは、単に〈欺くことも欺かぬこともできる〉という〈「非決定」の自由〉にのみ存するのではなく、当の〈「非決定」の自由〉が同時に、〈欺かない〉という知性の決定性（完全性〉でもある、という事態にこそ存するのである。〈全能〉は同時に〈善〉であることによって〈全能〉であり、〈善〉は同時に〈全能〉であることによって〈善〉なのである。このように、神における絶対的非決定性と絶対的決定性とが同じ一つの事態である（ここにすでに、後述する如く、〈ア・プリオリに証明される神〉が含意されている）ということは、われわれ人間にとっては何か矛盾しているように思えるかもしれないが、しかし、われわれの精神は「有限」であって、かくて〈神がわれわれの概念把握に矛盾することを為すことができる、ということをわれわれとしては否定することができない〉（すなわち、われわれは事物を、神が真実可能であると意志した通りに、可能であると概念することはできるが、しかし、神が可能と為し得たであろうが実際には不可能であることを意志した場合にもまた、可能であるとして概念することはできない、われわれはそのような者として創られている、ということ）のであって、「神の力能の広大無辺性（immensité）を認識し、神の知性と神の意志とのあいだには如何なる優越ないし優先も存しないことを概念する」ならば、神に関して右の如き矛盾した事態を思い描く必要はないのである。[11]「神は欺瞞者でない」ということは以上の如き意味において理解されねばならぬのである。

かくして、神は私を欺こうと意志しないのであるかぎり、私が誤る（欺かれる）ということはけっしてあり得ぬことになる。私が唯ただ神についてのみ思惟し、私をまったく神に向けているかぎりでは、その点に関して「何らの疑いも残らなかった」はずである（4^{a}*M.* AT. VII, pp. 53-54）。しかるに他方で、私は私自身の方に振り向くとき、私が無数の誤謬にさらされていることを経験するのである。その原因は何かといえば、私のうちには神（言うなら、このうえもなく完全な存在者［在りつつあるもの］）の実在的で積極的な観念が見出されることに加えて、無（言うなら、あらゆる完全性からこのうえなく離れているもの）の或る消極的な観念もまた見出されること、かくて私はあたかも「神と無との、言うなら至高の存在者と非存在者との、中間者」の如きものとして位置づけられている、ということにある（4^{a}*M.* AT. VII, p. 54）。言い換えるなら、私が「至高の存在者から創造せられた」者であるかぎりにおいては、私を欺いたり誤謬に誘ったりするものは私のうちに何もないのであるが、しかし「或る意味で（quodammodo）無に、言うなら非存在者に、与る」かぎりにおいては、つまり「私が至高の存在者ではなく、かくて多くのものが私に欠けている」かぎりにおいては、私が誤るのも当然のことなのである（*ibid*）。したがって、そのかぎり誤謬とは「神に依存する何か実在的なもの」ではなくて、単に私における「欠陥」であるにすぎぬものである（*ibid*）。

そうだとすれば、誤謬は「純然たる否定（pura negatio）」（4ᵃM, AT, VII, p. 55）として片付けてよいのか。しかし、私が誤るのは「或る意味で無に与る」（傍点は引用者の付したもの）かぎりにおいてであって、〈端的に無に与る〉からではなかったのであった。「或る意味で無に与る」とは、「私のうちには神、言うならこのうえなく完全な存在者［在りつつあるもの］の、実在的で積極的な観念が見出され」ながらも（すなわち、私は「思惟しつつある事物」として神から産出されつつある結果でありながらも）、無に与る、という意味である。そうだとすれば、誤謬とは「純然たる否定」といわれるべきよりも、むしろ「欠如（privatio）」、言うなら、或る意味で（quodammodo）私のうちに在らねばならなかった或る認識の欠失」とこそ言われるべきである（4ᵃM, AT, VII, pp. 54-55）。「或る意味で無に与る」とは〈私のうちなる在るべき完全性の欠在〉を意味するのである。したがって、「欠如」はあくまで私から出来するかぎりでの作用そのもののうちに内在する事態であって、私が神から受け取った能力、ないし神に依存するかぎりでの作用、のうちに内在する事態ではない（4^aM, AT, VII, p. 60）。誤謬は積極的な意味で独り人間にのみかかわる事態なのである。逆説的に言うなら、神の本性に注意して神の側からみるかぎり、その類において完全でないような、元来在って然るべき完全性が欠如しているような、そのような何らかの能力を、神が私のうちに置いたということはありえない。製作者が完全であればあるほど、彼から出来する作品がいよいよ完全であろうことは明らかであって、神がこの私をけっして誤ることのないような者として創造することができたということにも、かくてまた、神が常に最善のものを意志しているということにも、疑いはないのである（4^aM, AT, VII, p. 55）。もし神が不完全な世界を創造したというのであれば、誤謬の説明は不要となろう[12]。そうだとすれば、「私が誤るということは私が誤らないということによりもいっそう善いことだ」などとどうして言えようか（*ibid*）。

　そうだとすれば、本来誤るはずのないように創られているこの私が何故に誤るのか、ということこそが問題である。この問題をいっそう注意深く考量するならば、先ず、〈私が誤らぬことよりも誤ることの方が善い〉とみなす見解は、被造物の使命に思いをめぐらしつつ創造主の目的を尋ねるものである、ということが理解される。それというのも、私の本性がきわめて薄弱で制限されたものであるのに反して、神の本性は広大無辺であって、包括的に把握することはできないのであるから、神はその原因が私には知られないような無数のことを為し得る、ということは明らかだからである。したがって、私が神の目的を探求し得ると考えるのは向こう見ずとしか言われ得ないのであって、「目的という観点から引き出されるのを常とする原因の類の全体は、自然的事物においては何の役にも立たぬ」と断定せざるをえない（*ibid*）。言い換えるなら、「自然的事物」の各々は〈それ以外では在りえない〉という必然性を具えて在るのである。重要なことは、被造物を、先ず「純然たる否定」の相のもとで、その〈在るがままの姿〉において捉えることである。この条件のもとでのみ、〈私は誤る〉という事実は「欠如」の相のもとでその本質を開示し得るのである。なぜなら、「神の作品」たる被造物をその〈在るがままの姿〉において捉える〈言うなら、被造物を〈全ての完全性を有するわけではないもの〉として捉える、さらに言うなら、被造物を〈神によって産出されつつある結果としての観念的存在者［観念的な在りつつあるもの］〉として捉える〉ということは、その各々を「分離して」みるのではなくて、その一切を「総体」としてみるということを要求する（*ibid*）からである。「純然たる否定」の相のもとでは〈いっそう大なる完全性〉に関しては、如何なる被造物もただ単に〈それ［いっそう大なる完全性］無しに在る〉というだけのことであって、〈それが欠如している〉というわけではない。つまり、被造物の各々は、被造物の「総体」のもとでその「部分という視点」から捉えられる（言うなら、「純然たる否定」の相のもとに「総体」として捉えられる被造物の各々は、観念的存在者として、それの有する思念的実在性［realitas objectiva］によって区別されて、全体のなかの部分として位置づけられる）かぎりにおいて、完全だと言われ得るのである（4^{e}*M*, AT, VII, p. 56）。被造物の各々は〈それ以外では在りえぬ〉という必然性を具えて在るのではあっても、なお〈観念的存在者［在りつつあるもの］〉として、〈他の何ものかなしには在りえぬもの〉たるべく、当の〈他の何ものか〉を自らの本性ゆえに必然的なものとして要求するのである。（なお、私が一切のものについて疑おうと欲して以来、これまでのところ神とこの私との他に何ものかの存在することが確実には知られてはいないとしても、神の力能の広大無辺性ゆえに、神によって他の多くのものが創られ得るということが知解されるのであるから、「この私が事物の総体のうちに部分という視点を保持する」ということは、否定されえぬのである（*ibid*.）。）もしも被造物の各々が分離されて単独でみられるなら、あの「純然たる否定」の見地は斥けられて、〈観念的な存在者〉は実在化され、かくてその各々に具わる完全性は実在的な意味で相対的なものとなり（つまり、神という最完全者の視点から切り離されたものとなり）、却って積極的に不完全性とみなされても不当ではなくなるであろう（4^a*M*, AT, VII, pp. 55–56）。したがって、〈私が誤らぬことよりも誤ることの方が善い〉、と言わざるを得なくなるであろう。しかし、繰返すなら、問題なのは、本来誤るはずのないように創られているこの私が何故に誤るのか、ということである。そうだとすれば、誤謬の実相とは如何なるものであろうか。

2　知性と意志

私の誤謬（これのみが私のうちにおける或る不完全性を証すものである）は、同時に協働する二つの原因に依拠する。すなわち、「知性（intellectus）」（認識する能力）と「意志（voluntas）」（選択する能力、言うなら「意志決定の自由［arbitrii libertas］」）とである（4^e*M*, AT, VII, p. 56）。

ところで、「知性」のみを厳密に考察するとき、そこには本来の意味での誤謬（認識の欠失）は見出せない。独り「知性」のみによっては私はただ単に「観念を知覚する」というにすぎないのであって、その際、私のうちにそれについての観念が無いような無数の事物が存在するにしても、そのような事態は「当の観念が私に欠如している」ということを意味するのではなく、単に「私は当の観念無しに在る」とのみ（つまり「否定」とのみ）解されるべきだからである（*ibid*）。私は被造物であるかぎり、あらゆる完全性を具えているわけではない、というのが被造物の被造物たる所以であって、それゆえ、神は私に与えたよりもいっそう大きな認識能力を与えるべきであった、と考えるべきでもないし、また、私は神のことを如何に老練な工匠とみなすにせよ、だからといって私は、神が自己の作品の各々のうちに、その或るもののうちに置きうる完全性の全てを置くべきであった、とも考えないのである（*ibid*）。

しかし他方、「意志」もまた厳密に形相的にみられるならば、誤謬の原因とはなり得ない。意志は「如何なる限界によっても局限されることがなく」（*ibid*）、かくて「その類において完全」（4ª*M*, AT, VII, p. 58）だからである。すなわち、私のうちには意志ほど完全な、意志ほど大きなものは何もないので、私には意志がさらにいっそう完全な、いっそう大きなものであり得るとは考えられない、ということである（4ª*M*, AT, VII, pp. 56–57）。知解する能力にせよ、想起する能力にせよ、想像する能力にせよ、あるいは他の如何なる能力にせよ、それらは私においてごく狭小で局限されていると同時に、私はそれらについていっそう大きな、かくて無限な、別の能力の観念を形成することができる。しかるに、意志のみは、言うなら意志決定の自由のみは、それ以上に大きなものの観念を形成できないほど大きなものである、と経験されるのであり、かくて、意志のうちに、私は自らが「神の或る像と似姿（imago quandam & similitudo Dei）」を担っていると知解する根拠を認めるのである（*4ᵃM*, AT, VII, p. 57）。

たしかに、すでにデカルトが「私は思惟しつつある事物である（sum res cogitans）」（*2ᵃM*, AT, VII, p. 27）ということ、言うならあの「私は思惟する、ゆえに私は在る（Ego cogito ergo sum）」（*Prim., I, 7*, AT, VIII-1, p. 7）なる根本命題、に到達した際、その「思惟」とは知性の働きばかりではなく意志の働きをも含んでいた。そのことは「思惟」を元に戻して「懐疑」というかたちで見直すと明らかである。「疑う」とは〈偽であるかもしれぬと思惟する〉ことであるが、或る事態について真偽の判断をする働きは、デカルトによれば、知性の働きではなく意志の働きであり、懐疑は知性よりはむしろ意志の作用である(13)。そうだとすれば、方法的懐疑を通して、知性と感性とを如何に用いるべきか、言うなら厳密な意味での「思惟」とは如何なる働きであるか、ということが明らかとなる。すなわち、一切の〈対象の根拠なき措定〉を禁ずること、かくて一切の「複合」を排除すること、かくてまた、精神を一切の想像的事物から入念に遠ざけること（2^a *M*, AT, VII, p. 28）である。さらに言うなら、思惟の働きから一切の想像的形象を除去することによって、精神の能動と受動とを純粋なかたちで捉えることである。なぜなら、「想像」こそは〈事物への隷属〉による〈事物の複合〉を通して、受動と能動とを分離するようにして並行させる——重ね合せる——働きに他ならなかったからである。つまり、想像においては、精神は受動である（隷従）のに、能動であるかに思う（恣意）、のである。能動と受動とを〈純粋なかたちで捉える〉とは、受動が同時に能動であるような相のもとで〈働き〉を捉えることである。通常の理解にあっては、受容性・受動性を以て特徴づけられる〈感性〉に対して、〈知性〉は自発性・能動性の能力とされるが、デカルトの懐疑は、知性的働きもまたその根本にあっては対象によって規定されているということ、かくて本質的に受動的であるということ、を明らかにした。知性的認識もまた懐疑を容れ得るものとみなされるのは、当の認識が感覚や想像を混入させているということを示す事態に他ならなかったのである。別言すれば、意志を度外視して知性の、みの相のもとでみられた自覚的な働きとは実は〈主観的〉なものにすぎない——主観の働きが対象という仕方で規定される（言うなら、当の働きがいわば働きの外側から眺められる）ことによって、当の働きが対自化されない——ということである。それゆえ懐疑は、知性の本質的受動性をあばき出すと同時に、真の意味における〈知性の能動性〉を主題化せねばならなかったのである。（ここに、懐疑は一切の対象の根拠なき措定を禁ずると同時に、新たに対象を能動的に措定し直す、ということになる。そして、この新たに措定し直された対象が、「思惟」が「観念」の相のもとで眺められるに際して、「観念の思念的実在性［realitas objectiva ideae］」と定義される(14)のである。）かくして、〈受動という能動〉、〈働きを受けるという働き〉が〈コギト〉として語られたのであったが、そのようないわば〈純粋な能動〉のもとに、われわれは厳密な意味での〈意志〉を理解するのである。たしかに、懐疑は当初から自由な意志の決定によって導かれていた（cf. *Prim., I, 1,* AT. VIII-1, p. 5）。しかし、そのような意志の〈能動性〉が純粋なかたちで捉えられるのは、懐疑が深められて知性の受動性が明らかにされたとき（すなわち〈コギト〉の発見のとき）なのである。それは或る作用に対する反作用や或る作用とは別の或る作用――さまざまな作用のなかの一作用――として理解されてはならない。そのような理解は、未だ意志を対象という仕方で規定している、ということを示すものに他ならない。純粋な能動とは受動の自覚、言うなら受動の無媒介的な反省なのである。〈コギト〉のもとに開示されるこのような〈知性と意志との絶対的一致〉は、本来「神」（言うなら、後述するように、〈ア・プリオリに証明される神〉）にのみ留保される事態であるが、人間精神にあってもいわば〈特権的瞬間〉において――すなわち、「私が思惟しているかぎりにおいて」、言うなら〈時間としての瞬間〉毎に(15)――そのような事態に触れるのである。

かくして、厳密に形相的にみられた「意志」のもとには「神の或る像と似姿」が認められることになる。たしかに、意志に結びついてその働きを有効ならしめる認識と力能（言うなら知性の力能）の広大無辺性、さらには意志の働きが及ぶ対象の広大無辺性、という観点よりすれば、私の意志は神の意志の比ではない（4^aM, AT, VII, p. 57）。そのように、意志を〈知性との絶対的一致〉といういわば特権的な相のもとに眺めるのではなくて、〈知性と分離して単独に〉眺めるならば、「意志の決定に常に知性の知覚が先行しなければならないことは自然の光によって明瞭である」(*4ᵃM*, AT, VII, pp. 59–60) のに対して、神にあっては、すでに述べた如く、知性と意志とのあいだに如何なる優越ないし優先も存しないのである。そのように、「意志決定の自由」について言えば、神におけるのと私におけるのとでは、その在り方が格段に異なっている。すなわち、神の意志が、創られたところのものもしくはいつか創られるであろうところの全てのものに対して、永遠の昔から「非決定」でなかったということは矛盾なのである。というのも、それら全てのものについては、それらがそうなるようにさせようと神の意志が自らを決定する前に、それらの観念が神の知性のなかに在ったであろうようなものは、何も仮想できないからである[16]。神にあっては、知性における決定は意志における非決定と一つの同じ事柄なのである。これが真の意味で〈自覚的に為す〉という事態である。神はその創造において如何なる原理にも服することなく、かくて事物の本質の秩序を課せられるということもないのである。もし課せられるというのであれば、そのことはまさに「神についてジュピテルかサチュルヌについての如く語り、神を三途の川や運命に服従させるもの[17]」に他なるまい。かくて、「神にあっては、意志すること、知解すること、創造することは、その一が他に観念的にすら先行することなく（ne quidem ratione）、一つである」[18]、と言われねばならぬのである。このいわゆる〈永遠真理被造説〉のもとに語られる、創造に際しての神における知性と意志との〈絶対的な（ne quidem ratione）一致〉は、同じ神における本質と存在との〈絶対的結合〉にかかわるがゆえに、後に「第五省察」において展開されることになる〈神存在のア・プリオリな証明〉そのものの表現とみなすことができよう[19]。神における無限の意志は相反するものに対峙した無関心（indifferentia）を担う無限の力能として、言うなら絶対的非決定（indifferentia）性として、〈存在〉の秩序の表現であるのに対し、無限の知性は相反するものにおける一の排除による他の措定を担う現実的卓越性として、言うなら絶対的決定性として、〈本質〉の秩序の表現である。このような相対立する事態の同時的存立が、〈観念的区別〉をすら容れることなく、〈絶対的一致〉において理解されねばならぬのである。知性と意志との〈一致〉を、その一を他へ還元することによって概念するということが禁じられることは言うまでもない。還元可能であるということはいずれか一方に優越性を認めたことになるからである。しかし、還元が禁じられるにしても、〈観念的区別〉は避けようがない。現に今、他ならぬ〈一致〉を語るべく〈知性〉と〈意志〉という二つの呼名を用いて論じているということが、すでに〈観念的区別〉を引き入れていることになるのである。しかし、そうだからといって、如何なる表現も斥けられるということではない。およそ如何なる〈区別〉であれ、区別されるもののあいだには、一を以て他を説明するという関係が不可避的につきまとう。そして、説明可能性は優越性と不可分である。そうだとすれば、如何なる優越性をも引き入れることのないような観念的区別とは〈矛盾〉という関係であろう。厳密な意味での〈矛盾〉は一は他と区別されなければ存立し得ぬにもかかわらず、区別されるや両者とも存立し得なくなる、という事態であって、それは〈区別が同時に自らを斥ける〉という構造的な関係である。かくして、〈絶対的に一致している〉神における二つの本性は、他方では互いに〈いわば矛盾している〉〈われわれにとっては矛盾しているとみえる〉、ということも認められねばならなくなる。〈矛盾〉を前にするとき、われわれは直ちに〈矛盾の排除ないし解消〉へと移行しようとするのであるが、〈矛盾〉に踏み留まるかぎり、それは〈観念的区別〉をすら排除する〈絶対的一致〉の表現なのである。かくして、相対立する事態の同時的存立を拒否しようとする〈矛盾律〉はわれわれに対して必然性を課するもののようにみえるが、当の必然性は絶対的なものではないのである。言い換えるなら、そのような〈必然性〉は〈矛盾律を立てること自体の必然性〉を意味するのではないのである。或る事態が必然的であることを意志するのと、当の事態を意志することが必然的であるのとは、論理的に区別されるべきだからである[20]。したがって、矛盾律を偽とすることもできたというような、われわれがそれを不可能と判断することなしには思い浮かべることのできぬような、〈明証的矛盾〉の存することを認めねばならない[21]。したがってまた、矛盾には相対立するものが互いに完全に排除しあう根拠を有するものと、そうでないものとが認められるはずである。前者は〈完全性〉をその根拠とするもので、これを〈絶対的矛盾〉ないし〈自己矛盾〉——真に一つのもの（完全性）であって、それゆえ表現されれば矛盾するとみえるもの——と呼ぶならば、後者は完全性を〈直接的には〉根拠にすることのできない、かくて不完全な事物相互のあいだに認められる〈相対的矛盾〉ということになろう[22]。かくして、神の二つの本性のあいだに存するかにみえた矛盾（権利上絶対的に一致しているがゆえに事実上矛盾しているかにみえること〉とは、神はその本性の各々が自己矛盾を排除する絶対的矛盾律にいわば従うかのように、相対的に矛盾するものを超えている——相対的に矛盾する事態にあるものを排除する（本質の必然性を語る）ことも保存する（存在の偶然性を語る）こともできる——ということの表現に他ならない。繰返して別の言い方をすれば、われわれは事物を、〈神が真実可能であると意志した通りに、可能なるものとして〉思い描くことはできるが、しかし〈神は可能と為し得たであろうが、実際にはその逆のことを意志した場合にもまた、可能なるものとして〉思い描くことはできない、われわれはそのような者として創られているということになろう。われわれは〈神は、可能であると私の知覚する一切を、為し得る〉と断言するのであるが、しかし〈神は、私の概念するところに矛盾することを、為し得る〉ということを敢えて否定しないのであって、ただ〈そのようなことは私にとって矛盾を意味する〉と言うに止めおくというわけである。[23]

かくしてしかし、私にあっては神とは異なって常に区別してのみ捉えられる意志と知性とに関して、意志のみをいわば特権的な相のもとにみて（言うなら、知性との絶対的一致の相のもとにみて)、「それ自身において形相的に厳密に」考察するならば、意志は神における方が私におけるよりも大きいとは思われないのである（4^a*M*, AT, VII, p. 57）。なぜなら、意志の形相的根拠とは、「われわれが同じ一つのことを為すあるいは為さぬ」（言い換えれば、肯定するあるいは否定する、追求するあるいは忌避する）ことができるということに存する、というよりもむしろ、知性によってわれわれに呈示されるものを、われわれが肯定するあるいは否定する、言うなら追求するあるいは忌避するに際して、如何なる外的な力によってもそうするように決定されてはいないとわれわれが感ずるように、そのような仕方でわれわれが自らを赴かしゆくということに存する（*ibid.* 傍点は引用者の付したもの）からである。つまり、「私が一方の側にも他方の側にも動かされることができる」（すなわち、私は同じ一つのことを為すことも為さぬこともできる）という、いわゆる〈「非決定」の自由〉が問題なのではない。むしろ逆に、同じ一つのことを為すあるいは為さぬことができるという場合に「私が一方の側に傾けば傾くほど、ますます自由にその側を私は選択する」という、〈内発的同意の自由〉が問題なのである。「神の恩寵」（神による私の思惟の内奥の按配）によせ、「自然的な認識」（真と善との根拠の明証的な知解）にせよ、それはこの〈内発的同意の自由〉を強化し増大させこそすれ、けっして減少させることはない（$4^{e}M$, AT, VII, pp. 57–58）。そのかぎり、意志において私は神の或る似姿を担うと言い得るのである。

しかし、注意すべきは、私にあっては意志の形相的根拠が〈「非決定」の自由〉というよりもむしろ逆に〈内発的同意の自由〉に置かれて、二様の〈自由〉が区別され対立させられているということである。〈内発的同意の自由〉はあくまでも〈コギト〉という特権的な相のもとで（言うなら、〈知性即意志〉の相のもとで、さらに言うなら、〈神存在のア・プリオリな証明〉と相即して）発現する事態である。神にあっては、意志の絶対的非決定性と知性の絶対的決定性とが同じ一つの事柄を意味するのであったがゆえに、これら二様の〈自由〉もまた同じ一つの事柄であると理解されねばならぬのであるが、これに対して、私にあっては通常は、〈知性の知覚が意志の決定に先行する〉ように、知性と意志とは分離して捉えられるがゆえに、右の二様の〈自由〉も相互に対立させられるのである。かくして、神と私とのあいだでは、意志の在り方が共通の面（〈内発的同意の自由〉という側面）をもつとともに、異なる面

〈〈「非決定」の自由〉という側面〉をもつ、ということが理解されるのである。このような事態は〈人間の自由〉に関して何を意味するのであろうか。

〈知性の知覚が意志の決定に先行する〉と言われるとき、それはわれわれ人間の知性が「対象に依存し、対象から切り離され得ない[25]」ということを含意している。そこで、私における〈〈「非決定」の自由〉に関して言えば、それは〈為す〉と〈為さぬ〉という対立するかにみえる——かくて、〈観念的に〉区別されるにすぎない——働きを〈実在的に〉区別されたものとみなすこと、言うなら、働きを対象という仕方で限定すること、に依拠する事態である（あたかも、遠くから見た塔は〈円い〉とも〈円くない〉とも言われ得るが、それは塔の存在を絶対化して〈実在的に〉眺める——言うなら、塔の存在を根拠なく措定する——ためである、というのと同然である）。もし私が何が真であり何が善であるかを常に明晰判明にみるとしたならば、私は〈為す〉か〈為さぬ〉かと思案することはけっしてなかったであろうし、かくて私は「自由」ではあっても、けっして「非決定」である〈〈為す〉ことも〈為さぬ〉こともできる〉ということにはならぬであろう（$4^a M$, AT, VII, p. 58）。したがって、「非決定」とは、働き

（言うなら知性）の対象の不明瞭性・不分明性に起因する事態であり、そのようにして働きを対象という仕方で限定する事態を語るものに他ならない。内発的な同意が可能となるためには、対象の不明瞭性・不分明性を私の有する概念から排除せねばならない（これが働きの対象の存在を疑うことによって、働きを働きとして支持しようとする、〈方法的懐疑〉の究極的に意図するところであった）のであって、そのかぎり私は当の不明瞭性・不分明性そのものについての明晰な観念を形成している。対象が不明瞭不分明であるということはあり得ても、意志を同意へと傾かせるところの「形相的根拠」（意志の意志たる所以）が不明瞭不分明というわけではないのである。この「形相的根拠」と意志の対象（したがって、知性の対象そのもの）とは、明晰性・判明性に関してあくまでも区別されるべきであって、独り「形相的根拠」にこそ明晰性・判明性は要求されるのである。(26) この「形相的根拠」は「知性における大いなる光」に相伴われくる「意志における大いなる傾向性」において成り立っているのであって、かくして、或ることに対して私が「非決定」であることが少なければ少ないほど、それだけいっそう「自発的に」かつ「自由に」そのことに同意するのである（$4^{a}M$, AT, VII, p. 59）。

したがって、「非決定」は「認識における欠陥、言うなら或る否定」（すなわち、働きの対象の不明瞭性・不分明性に起因する事態であって、働きの対象を根拠なく措定すること）を証すものであり、そのかぎり「自由のもっとも低い段階」と言われねばならぬのである（4^{a}M, AT, VII, p. 58）。かくして、意志の「形相的根拠」は〈内発的同意の自由〉のうちにこそ存するのであり、これに対して「非決定は人間的自由の本質には属さない[27]」と言われねばならぬのである。

しかし、注意すべきは、「非決定」が「自由のもっとも低い段階」と規定されるのも、〈内発的同意の自由〉といういわば〈特権的に発現する〉自由との対比のうえでのことであって、それは〈コギト〉を通して神の存在が証明されることによって〈明証性の「一般的規則」〉が確立された後でのことである。それ以前の段階では、〈「非決定」の自由〉こそは〈懐疑する自由〉のいわば本質を成していたのである。すなわち、われわれはきわめて大なる明証を前にするとき、「実際的に言えば」それと反対方向に向かうことはほとんどできないが、「絶対的に言えば」それが可能なのである。実際そうすることによって、われわれの「意志決定の自由」を確証することが善と考えるのであれば（つまり、〈内発的同意の自由〉の発現に到り得るというのであれば)、明晰に知られた善を追求したり、明証的な真理を受け入れたりするのを、差し控えることは常に可能なのである。[28] しかし、「知性の知覚が常に意志の決定に先行しなければならない」($4^{e}M$, AT, VII, p. 60) のであった。知性と意志とはその働きが分離してみられる、言うなら、知性は〈働きを受ける〉のに対して意志は〈働きかける〉、のであった。それゆえ、そのような〈知性の受動〉を〈一つの能動〉として捉え直そうとする努力、言うなら知性の本質的な受動性をあばき出すと同時に、真の意味における〈知性の能動性〉を主題化しようとする努力、この努力が懐疑における〈「非決定」の自由〉によって担われたのであった。そのようにして、〈働きを受けるという働き〉、〈受動という能動〉が〈コギト〉として語られることになるのである。〈知性が即ち意志である〉ことを語る〈コギト〉の明証は特権的である。〈特権的〉であるというのは、当の明証が〈神存在のア・プリオリな証明〉と相即しているからである（後述する如く、〈神存在のア・プリオリな証明〉は「第五省察」まで待たねばならないが、〈神存在のア・ポステリオリな証明〉のうちにすでに含意的に開示されている——その意味で〈特権的〉なのである——のである）。言い換えるなら、〈知性即意志〉という事態は、実は、「私は思惟しつつある事物」として、時間の瞬間毎に神によって開示されつつある〈言うなら、神によって産出されつつある〉〈結果〉に他ならなかったのである。この〈産出されつつある結果〉としての〈コギト〉を、知性と意志とが分離された相のもとで、〈産出された結果〉の相のもとでみるかぎり、私の知性は有限な〈つまり、対象に依存する〉ものとして眺められざるを得ないのであり、有限なものとして眺められざるを得ないかぎり、私に「神の或る似姿」を賦与した意志における〈内発的同意の自由〉は背後に退き、かわって〈「非決定」の自由〉が注目されることになるのである。たしかに、「非決定」は「意志における完全性」〈言うなら、〈知性即意志〉という事態〉を証するものではけっしてなく（$4^{a}M$, AT, VII, p. 58）、却って「自由のもっとも低い段階」〈私の知性の働きが有限であり、かくて対象に依存しているということによって、私の意志の働きは〈対象という仕方で限定される〉――〈為すことも為さぬこともできる〉という仕方で働きが働きの外側から眺められ、働きが働きとして支持されない――という可能性を排除し切れないということ、言うなら、〈内発的同意の自由〉が常に発現しているわけではないということ〉と言われるべきであるが、その〈「非決定」の自由〉こそは実は〈自由の通常の在り方〉なのである。これを逆に言えば、神にあっては知性はその絶対的決定のもとに対象に依存するということがないがゆえに、そのような事態は「非決定」とも言われ得るのであり（神は常に〈為さぬこともできつつあるものとして為す〉のであって、神の知性による決定は常に自覚的なものであるということ、言うなら、〈内発的同意の自由〉が常に発現しているということ）、かくて「非決定」は「神の全能のこのうえもない証拠」とされたのである。そのように、私にあっては意志の働きが〈対象という仕方で限定される〉という事態を表現するものとして「非決定」が語られるのに反して、神にあっては意志の働きが働きとして真実支持されるがゆえに、当の〈働き〉は「非決定」と言われる。実に人間の自由には、神の自由に適合するところとは格段に異なる「非決定」が、適合するのである。[29]

そうだとすれば、〈「非決定」の自由〉においては、それが「自由」と言われるかぎり、〈為す〉ことも〈為さぬ〉こともできるというよりも、むしろ〈為す〉あるいは〈為さぬ〉ことができるという事態がみられるべきである。〈為す〉ことに関して相対立するかに見える二相は、単に〈観念的な〉区別を容れ得るものにすぎぬと考えられるべきである。意志は

「ただ一つの事物としてのみ、そしていわば不可分なものとして」成り立っている（4^{a}*M*, AT, VII, p. 60）がゆえに、その働きは常に一つのものである。しかし、働きを働きとして捉えるためには、通常は或る意味で働きを対象化せざるを得ないがゆえに、当の働きは対立しあう相を介して表現せざるを得なくなるのである。あたかも円運動において、円周上には常に一個の運動が在るが、この運動を変化として捉えるためにはどこかに中心を求めねばならぬのであって、その際、中心をはさむ円周上の運動は互いに対立するかにみえてくるにせよ、当の中心は何ものでもない、というのと同然である。対立するかにみえる二つの運動を隔てるものは〈何ものでもない〉如くに、それら二つの運動を何ものも隔てることはないのである。かくして、〈為す〉あるいは〈為さぬ〉という常に一つのものである働きは、却って、〈為す〉ことも〈為さぬ〉こともできるという互いに対立するかにみえる二つの相を介して表現されるのであるが、そのような対立は〈何ものでもない〉のであり、〈観念的な〉区別にすぎないのである。そのような区別を〈実在的に〉みるならば（言うなら、行為の働きを対象という仕方で限定するならば、さらに言うなら、行為を対象化してその働きを働きの外側から眺めるならば）、「非決定」は「自由のもっとも低い段階」をすら斥ける〈反〉自由（言うなら恣意）となろう。そのような事態こそは「意志を知性と同じ限界のうちに引き留めないで、私の知解していないものにまでも拡げる」ということに他ならない。まさにこのただ一つのことから、私の誤謬は生まれるのである（4^a*M*, AT, VII, p. 58）。知性と意志とが分離される相のもとにみられるかぎり、「意志は知性よりもいっそう広い射程を有する」（*ibid*）のであって（したがって、〈内発的同意の自由〉の発現を担う〈知性即意志〉という事態にあっては、意志と知性との射程は完全に合致しているがゆえに、誤謬は生じ得ないのであって）、かくて、意志が知性の射程を越えるとき、意志の「非決定」は行為の働きの〈観念的な〉区別の相のもとに留まりえず、「容易に真と善とから逸脱し、かくて私は誤りもすれば罪を犯しもする」（*ibid*）ことになるのである。意志の「非決定」という事態にあっては、対象の根拠なき措定ということだけは何としても斥けなければならない。言うなら、知性の知覚した「観念」に具わる「思念的実在性」を活かしつつ新たに対象を措定し直す、ということが重要なのである。

3　自由意志の正しい使用

以上の如く、デカルトによれば、私の誤謬は「意志は知性よりもいっそう広い射程を有するがゆえに、私が意志を知性と同じ限界のうちに引き留めないで、私の知解していないものにまで拡げる」、というこのただ一つのことに起因するのであった（*ibid*）。しかしデカルトは他方で、意志が知性の射程を越え出たときに陥る「非決定」は、〈意志が考量しているまさにそのときに、知性がまったく認識していないものだけに及ぶのではなく、知性が十分明白に認識していないもの全てにも及ぶ〉、ということを指摘していた（4^a*M*, AT, VII, p. 59）。それというのも、どれほどもっともらしい推測であっても、それがあくまでも推測であって、確実な根拠を有するわけではないということを知るだけで、私の同意を反対の側へ押しやるに十分だからである（*ibid*）。そうだとすれば、たとえ意志が知性の射程を越え出て、私が「非決定」に陥ったとしても、否、「非決定」に陥ったがゆえに、判断を下すことを差し控えるならば、私は誤ることはないのである。しかし、まさに「非決定」であるがゆえに、肯定することも否定することも可能である。そのようにして、もし偽である側を肯定するならば、私は全面的に誤ることになるであろうし、またたとえ真である側を肯定したとしても、たしかに偶然に真理に行き当ることになるにしても、「意志決定の自由を正しく使用していない」という点で、依然私は罪を免れないであろう。なぜなら、すでに指摘した如く、「知性の知覚が意志の決定に常に先行していなければならぬことは、自然の光によって明瞭」だったからである（*4^eM*, AT, VII, pp. 59–60）。何が真であるかを十分明晰判明に知覚していない場合には、先ず意志の「非決定」を行使して、私は判断を下すことを差し控える――言うなら、知性の明晰判明な知覚を先行させたうえで意志がそれに同意の決定を下すようにする――、というのでなければならぬのである。われわれは「第三省察」において「観念」を定義し分類した際に、「思惟の形相」としての「観念」に「別の或る形相」が付加されるところに、「意志」の所在をみた(30)。そのようにして、知性が意志と区別されて捉えられるときには、知性の働きが意志の働きに常に先行するものとして分離されることを意味した。さらに言えば、知性は受動的に働くように、意志は能動的に働くのである。そうだとすれば、意志が知性の働きを無視して働くということは、知性の働きに「別の或る形相」を付加するかに思わせながら、実は却って、知性の働きそのものを〈複合する〉のである。知性は、対象的「事物のいわば像（tanquam rerum imagines）」（3^{a}M, AT, VII, p. 37）を形成するのであるにもせよ、その働きの受動性のもとに事物そのものと何らかの関係を保持するのであるが、そのような知性を無視する意志は、対象的事物を無視するかのように、「いわば像」に何ものかを付加して〈複合し〉、事物を恣意的に作為するのである。そのような意志は、いわば〈仮象化された意志〉――〈恣意〉としての「非決定」――として、〈想像〉の別名に他ならない。それは、「意志を知性と同じ限界のうちに引き留める」ということを、却って〈知性を意志と同じ射程にまで拡げる〉ようにして果す事態である。それゆえ、そのような事態にあっては、偶然に真理に到達することがあり得るにしても、〈それの何故に真であるか〉を同時に語ることはないのである。

このような「自由な意志決定の正しからざる使用」のうちにこそ、「誤謬の形相」を構成するあの「欠如」が内在している（$4^a M$, AT, VII, p. 60）ことは明らかであろう。「欠如」は、すでに詳述した如く、「私から出来するかぎりにおける作用そのもの」のうちに内在するのであって、「神から受け取った能力」のうちにも、「神に依拠するかぎりにおける作用」のうちにも内在する事態ではない（*ibid*）。無限に「多くのものを知解しない」ということは、有限な知性の有限たる所以であり、被造的知性の被造的たる所以であって、〈神が私に与えなかったものを私は神によって「奪われている［欠如せしめられている］（privatum）」〉と考えるべき謂われはない。私は、神が私に何ら負い目がないにもかかわらず授けてくれたものに対して、むしろ神に感謝すべきなのであって、神がいっそう大きな知解力、いっそう大きな自然の光を与えなかったことに不平を言うべき理由はまったくないのである（*ibid*）。また、意志が「知性よりも広い射程を有する」ということは、意志がただ一つの事物として、いわば不可分であることを意味するのであって、意志から何ものかが取り去られるといったことは、その本性上許されないことである。意志の働きの広大さについて苦情を述べるべきではなく、却って、それが広大であればあるほど、意志の本性にふさわしいのである

(*ibid*)。なおまた、神はこの「意志の働き」を喚起して、私の誤謬を産み出すことにもなる「判断」を形成するために、当の私と協働している、と嘆いてもならない。なぜなら、意志の働きは、それが神に依拠するというかぎりにおいては、全面的に真かつ善であって、私がそれを喚起し得るということは、喚起し得ないとした場合に比して、「或る意味で（quodammodo）私のうちにおけるいっそう大きな完全性」である、と言われるべきだからである（*ibid*)。意志は形相的に厳密にみられるなら、如何なる誤謬の原因ともなり得ぬことは、すでにみた。このことは、知性と協働して判断を形成するに際しても、同じである。知性との積極的な協働がもっとも少ない「非決定」の状態に陥っても、判断を差し控えるということによって、最低の段階とはいえなお「自由」を保持しているかぎり、あの「意志の働き」は喚起されるべきものなのである。

しかるに、「欠如」はといえば、独りこれにのみ「虚偽と罪過の形相的根拠」が存するのであるが、これは如何なる〈神の協働〉をも要しない（4ᵃM, AT, VII, pp. 60–61)。それというのも、欠如は「事物ではなく」（言うなら、何ら実在的なものでもなく）、かくてもしもその原因がもち出され神に関係づけられたなら、それは「欠如」（つまり、〈奪われて在る〉）と言われるべきではなく、却ってただ単に「否定」（つまり〈無しに在る〉）とのみ言われるべきだからである（*4ᵃM*, AT, VII, p. 61）。実際、〈私は明晰判明に知覚していないものについて同意するあるいはしないことができる〉という〈「非決定」の自由〉を有するのであるが、そのような自由を神が私に与えたということは、「神における何らかの不完全性」を証すものではけっしてない（*ibid*）。というのも、〈「非決定」の自由〉として「非決定」が「自由」に留まり得るためには、認識の欠けた不明瞭不分明な事態について〈同意するあるいはしないことが可能であるがゆえに同意しない（非決定となる）〉というのでなければならぬからである。ここに、〈もっとも低い段階の自由〉であるとはいえ、〈「非決定」の自由〉の積極的な意味が認められるのである。したがって、その場合、〈同意する〉ことによって私が「自由を善用しない」ということにこそ、「私における不完全性」――言うなら、〈私のうちに在って然るべきであった完全性〉の欠失――が存するのである（*ibid*）。私が自由を〈当然善用すべきときに善用しない〉ということは、「欠如」、言うなら、〈私自身に、よ、っ、て、奪われているという事態〉なのであって、神に依拠する〈実在的な事態〉ではない。もしこの事態を神に依拠させるなら、前述の如く、それは「欠如」ではなく、ただ単に「否定」とのみ言われるべきであろう。そのときには、あの「私における不完全性」は「神の完全性」を介してのみ理解される概念となって、むしろ〈私における完全性の無際限の度合〈私の完全性は無際限に大きくも小さくもなり得るということ、言うなら、私はいっそう大きな完全性無しに在るということ、さらに言うなら、私は全ての完全性を有するわけではないということ〉を意味するであろう。そのようにして、私の側における完全性の如何なる度の背後にも神の側の完全性のいわば〈しるし〉として、常に一つの「否定」が存するということになるのである。これに対して、「欠如」としての「私における不完全性」とは、〈一切の完全性からこのうえもなく隔たっている事態〉であり、いわば〈無に与っている事態〉である。〈誤るかぎりにおける私〉が「神と無との中間者」として位置づけられたことの意味は以上の如きものであった。

　しかし、それでもなお問題が残る。すなわち、神ならば「欠如」という事態のけっして生じないようにすることもできたのではないのか。言い換えれば、神ならば私の知性に、私がいつか考量するであろう全てのものについて、明晰判明な知覚を賦与しておくこともできたであろうに。あるいは、明晰判明に知覚されていないものについては、私が同意を与えるということがけっして生じないように、神ならば按配することができたであろうに（*ibid*）。たしかに、もし私が神によってそのような者として創られているのだとすれば、「私は、或る全体という視点を有しているというかぎりにおいては、現に在るよりもいっそう完全であったろう」と知解される（*ibid*）。「私は或る全体という視点を有している」というのは、私は〈誤ることがない〉という一つの全体性に与るということ、つまり私からの一切の誤謬の排除によって得られる全体性に与るということ、を意味している。しかし、そのように〈私は誤ることがない〉という予め意図された事態を想定するなら、私は〈誤る〉ことにおいていわば〈自らの自然（本性）を逸脱している〉ということになろうが、そのように意図された事態とは、〈私は誤る〉という事実にとっては外面的な規定にすぎない。つまり、〈私は誤る〉ということは〈私は誤らない〉ということに矛盾する事態として、常に排除されるべきものとされるのみであって、〈何故私は誤るのか〉ということを明らかにするものではないのである。実は、〈私は誤る〉という事態は、〈私は誤らない〉という事態と同じように、〈自然（本性）的〉なのであって（つまり、私は「神と無との中間者」として位置づけられているのであって）、私にとっては単に外面的な規定なのではなく、何がしかの真理を有しているのである。〈常に誤らない〉者として創造されていて、そのようにして「或る全体という視点」からみられるのであるかぎり、私は「現に在るよりもいっそう完全であったろう」が、しかし、それは神が私をそのように創造すべく決定されているという意味で、神の自由に反し、かくて神の完全性に反している。言い換えれば、〈私は誤らない〉という事態の必然性を絶対化するならば（すなわち、〈私は誤る〉ということが、〈私は誤らない〉ということに矛盾する事態として、常に排除されるべきものとされるならば）、当の事態を措定すること自体も必然的となる。もし〈神の自由〉を真実支持しようとするのであれば、〈私は誤らない〉という事態を必然的なものとして措定することと、そのように措定すること自体の必然性とは、あくまでも区別せねばならない。そのような〈措定自体の自由〉が確保されることによって初めて、〈私は誤らない〉という事態が絶対的とみえる必然性を以て迫ってきても、なお〈私は誤る〉という事態を容れ得るのである。言うなら、〈私は誤ることもありつつあり得るものとして誤らない〉ということが重要なのである。その意味で、「私は事物の全総体においては、その或る部分は誤謬を免れていなくて他の部分はしかし免れているという場合の方が、全てがまったく似たり寄ったりであるとした場合よりも、或る意味で（quodammodo）いっそう大きな完全性がある、ということを否定することができない」（*ibid*）のである。そのかぎり、神が私に世界のなかでもっとも主要で完全な役割を担わせようと欲しなかったからといって、私は訴えるべき何らの権利をも有しないのである（*ibid*）。むしろ逆に、私は、〈誤ることもありつつあり得るものとして誤らない〉ということにおいて、真に完全といえるのである。〈私は誤らない〉ことの、かくて〈私の完全性〉の、必然性を絶対化するならば、そのような完全性の〈在るべからざる否定〉としての〈私は誤る〉という事態は、最完全者たる神の存在を無媒介的に措定することになろう（すなわち、〈私は誤る〉という事態が〈私は誤らない〉という事態に矛盾する、かくて排除されるべき事態であるということによって、〈私は誤らない〉という事態を必然的なものとして措定することが、そのように措定すること自体の必然性を意味する、ということになろう）。そうだとすれば、「私は誤るということは私は誤らないということよりも、いっそう善いこと」だということになろう。神の完全であることを、無媒介的に措定するということは、〈神の欺瞞者でない〉ことを説明するための手続きとして、人間の側の誤謬を要請する（つまり、〈私は誤らない〉という事態を必然化したうえで、〈私は誤ることもあり得た〉という、可態的事態をいわば付加することによって、私の存在の偶然性を語ろうとする）、ということでしかないであろう。それは、神にあって、意志の〈「非決定」の自由〉なる完全性が斥けられて、独り知性の〈絶対的決定性〉なる完全性のみが語られるということを意味することになろう。そのような事態を少なくとも肯定することはできないのである。〈私は誤らない〉という望ましい事態が如何に必然的でありえても、その〈必然性〉は、〈私は誤る〉という事実がいわば支持されて主題化されるかぎり、なお偶然性によって裏打ちされている（言うなら、私は誤ることもありつつあり得るものとして誤らない）のであって、まさにそれゆえに、〈私は誤らない〉ということにおいて「自由」が証されるのである。このような事態が「或る意味で」完全性を示すものであることは、少なくとも「否定することができない」のである。

この〈私は誤ることもありつつあり得るものとして誤らない〉という事態に要約される〈「非決定」の自由〉は、たとえ「自由のもっとも低い段階」として〈人間本性の弱さ〉を証すものであるとはいえ、〈人間的自由〉の通常の在り方を語るものである。意志の形相的根拠として〈内発的同意の自由〉が語られ、しかもそれが強調されるなかで〈「非決定」の自由〉が否定的に位置づけられはしたが、この〈「非決定」の自由〉こそは人間的自由の支配的部分を成すのである。われわれ人間は「考量せられるべき全てのものの明証的な知覚に依存するという仕方で」（つまり、〈絶対的に誤らない〉という仕方で）誤謬を回避することはできないにせよ、「事物の真理が明白でないその度毎に判断を下すことを差し控えねばならぬことを想起することのみに依存するという仕方で」、誤謬に陥らぬようにすることが可能なのである（*4ªM*, AT, VII, pp. 61–62）。それというのも、たとえわれわれは同じ一つの認識に粘り強く注意を傾けることができないという「弱さ」を有するにせよ、しかし、入念な省察を繰返すことによって、必要ある度毎にその認識を想起し、かくて「誤らない或る習慣を獲得する」ようになることはできるからである（*4ªM*, AT, VII, p. 62）。そして、その点にこそ

「人間の最大の、かつ主要な完全性」は存するのである（*ibid*）。繰返して言えば、判断を下すに当って、知性によって明晰判明に示されるもののみにしか及ばぬように、意志を制限しさえするならば、私が誤るということはまったく生じえないのである（*ibid*）。なぜなら、全て明晰判明な知覚は「或るもの（aliquid）」（すなわち、実在性、完全性、存在者性ないし肯定性に与るもの）であって、したがって「無」（すなわち、在りつつあるなきもの）から出てきたものではありえず、却って「神」（すなわち、このうえもない存在者［在りつつあるもの］、言うなら、このうえもなく完全な、かくて欺瞞者であることとは相容れない神）を創作者として有しているがゆえに、疑いもなく真であるからである（*ibid*）。そうだとすれば、判断を下すに際して、意志決定の自由の正しい使用が開示されるということが、認識への道程においてはこのうえもなく肝要なのである。

三　『哲学原理』の誤謬論と自由

1　神存在のア・ポステリオリな第一の証明

デカルトの試みた〈神の存在証明〉は、原因によるア・プリオリな道と結果によるア・ポステリオリな道とに大別することができる。前者は〈神の観念における本質と存在との固有の結合〉を問題とするもので、いわゆる〈存在論的証明〉である。後者はさらに二つの証明を含み、その第一は〈私のうちなる神の観念の原因〉を直接問題にし、第二は〈神の観念を有する私の存在の原因〉を尋ねるものである。さらにデカルトは、結果による証明を「主要な論拠（praecipuum argumentum）」（*Meditationes, Synopsis*, AT, VII, p. 14）とみなし[31]、また原因による証明については、これを「詭弁」と誤解する人々をして結果による証明までも疑わせる懼れがあるかぎり、用いられるべきではないかもしれぬが、しかし結果による証明が十分に説明されたならば省略されてはならぬ、と考えている。[32] それゆえ、われわれもア・ポステリオリな証明から論じ始めてア・プリオリな証明へとすすむことにする。ただ、「理由［根拠、推理］の秩序」に従う『省察』ではそのような順序を辿るのであるが、『哲学原理』では、冒頭に述べた如く、〈神の存在証明〉そのものを一つの完結した体系の如くにみて、その結果の論理を辿るかのように、ア・プリオリな証明からア・ポステリオリな証明へと論をすすめている。したがって、その論述の仕方もきわめて簡潔である。そこでわれわれは、『哲学原理』における二様の証明を分断して論じ、簡潔化されかくて省略された部分を『省察』の論述によって補足しながら、併せて、『哲学原理』においてア・プリオリな証明が先行していることが後続する〈誤謬論〉や〈自由論〉に如何なる影響を与えているかを、考察することにする。

デカルトは先ず、「神の観念」を主題化するために、「観念」一般の特質の考察から始める。

すなわち、諸観念は「或る種の思惟の様態（quidam modi cogitandi）」であるかぎり、それら相互のあいだには大差はないが、「或る観念が或る事物を表現し（repraesentare）、他の観念が他の事物を表現しているかぎりでは」、なはだ異なった観念であることがわかる（*Prim., I, 17,* VIII-1, p. 11）。それというのも、たとえば「実体を私に表示する観念」は「ただ単に様態言うなら偶有性を表現するにすぎぬ観念」よりも（つまり、実体は独立的な存在者であるのに対して様態は依存的な存在者であるから）「いっそう大きな何ものか（majus aliquid）であり、かくていわば「いっそう多くの思念的実在性（plus realitatis objectivae）」を自らのうちに含んでいるからであり、さらにまた、「私がよって以て永遠なる、無限なる、全知なる、全能なる、そして自己の他なる一切のものの創造者たる、或る至高なる神を知解するところの観念」は「有限なる実体を私に表示するところの観念」よりも、明らかに「いっそう多くの思念的実在性」を自らのうちに有しているからである（$3^a M$, AT, VII, p. 40）。

右に言う「思念的実在性」は『哲学原理』では「思念的完全性（perfectio objectiva）」

(*Prin., ibid*) となっているが、両者は同義語である。[33] デカルトは「観念の思念的実在性」を定義して、「観念によって表現された事物の、観念のうちに在るというかぎりにおける、存在者性［在りつつあること性］(entitas)」、と述べている。[34] したがって、観念に関するかぎり、「知性のうちに思念的に在る」ということは、「知性の対象が通常在るその仕方で知性のうちに在る」ということを意味する。[35] 別の言い方をすれば、〈観念が「いわば事物の像 (tanquam rerum imagines)」(3ªM, AT, VII, p. 37) である〉ということは、〈観念が事物からいわば生まれつつあるものとしての結果を表現する〉ということを意味する。したがってまた、「思念的に在る」その「在ることの様態 (essendi modus)」は、事物が知性の外部に存在する様態よりも不完全ではあるが、「まったくの無」なのではない（つまり、〈在りつつあること性〉を表現している）のである。[36] かくして、「観念とは、それが知性のうちに思念的に在るかぎりでの、思惟された事物そのものである」と規定する者がいるとすれば、[37] 彼はそのことを、「観念とはいわば事物の像である」という規定と合わせて理解しなければならない。「思惟された事物」とは「いわば事物の像」であって、〈端的に事物の像〉なのではない。

事物そのものが知性の作用を対象という仕方で限定するのではない。事物を思惟する〈働きそのもの〉の相のもとでみられるかぎりでの事物の在り方が問題なのである。もしも〈知性の働きを対象という仕方で限定する〉というのであれば、それは〈事物の存在の根拠なき措定〉を拒否するあの〈方法的懐疑〉の営みに反する事態である。知性（思惟）を〈働きそのもの〉の相のもとでみるとは、知性の受動性をあばき出すと同時に、真の意味での〈知性の能動性〉を主題化し、かくて知性のうちに新たに対象を措定し直すことである。そのようにして、〈知性の能動化〉（働きを受けるという働きを主題化すること）がすすめばすすむほど、観念の思念的実在性も増大するのである。「思惟された事物」、言うなら〈知性のうちなる表現された事物〉とは、知性の外部に想定される事物そのものが「通常在るその仕方で」知性のうちに現われるものであった。それは、「原型（Archetypus）」（*Prin., I, 18*, VIII-1, p. 12）——言うなら〈原因〉ないし〈根拠〉——として中心を成していると想定される事物そのものがいわば〈脱中心化〉される、ということである。そのように、自らの中心をいわば失うことになる事物は、自らの外部に中心を有するかのように、さまざまな〈表現〉を取る。

この事態は、知性の外部なる事物という視点からみるなら、事物はさまざまな性質〈を所有する〉のであるが、知性の内部なる事物という視点からみるなら、事物はさまざまな性質〈から成る〉、ということを意味している。事物が中心を失うということは、事物と事物とを区別する差異としての性質が却って独立的な肯定的事物性となるからである。そのようにして、性質の多様性には無関心で専ら〈肯定性〉のみを保持する、いわば〈質料的な〉性質が主題化されることになる。それが「実在性」（〈事物（res）性〉としてのrealitas）に他ならない。たとえば、画家の描いた絵にあっては、事物についての多様な色の、単なる「任意の配合」がみられるのではなく、事物との類似を表現すべく「技巧的に為された配合」が認められる。したがって、絵とは、〈事物が多様な色の配合を所有する〉という事態（つまり、各々の色を一般性において——固有性をもたぬものとして——所有すること）を表わすが如きもの——それならば、画家ならずとも誰にでも可能なことである——ではなくて、とりわけ画家によって〈多様な仕方での色の配合から成る事物〉として（いわば各々の色の固有性を支持することによって）巧みに仕上げられた、その「完全性（perfectio）」を語っているのである。[38]

この「完全性」がすなわち「実在性」に他ならない。「実在性」とは要するに、事物から「いわば像」として生まれつつあるものとしての〈結果、言うなら観念〉が表現するところの「存在者性［在りつつあること性］(entitas)」なのである。

かくして、「実在性」言うなら「完全性」は、事物の多様性に無関心になる代りに、〈肯定性〉の多様な度を以て現われる。すなわち、観念は「いっそう多く事物(magis res)」であったり、「いっそう少なく事物(minus res)」であったりする。[39] そのように、事物が〈肯定〉され、かくて〈表現〉を得るということは、当の〈表現〉の方からみれば、事物がいわば〈脱中心化〉され、あるいはまた、事物がいわば自らによって〈否定〉される、ということに他ならない。したがって、さまざまな度を以て現われる〈事物の肯定性〉は、常に、〈或る別の肯定〉を予想させる〈同じ一つの否定〉を伴っている。それは自らの肯定が否定によって全面的に貫かれていること、否定が自らの肯定の本質的規定を成すということ、を意味している。それはあたかも、〈表《おもて》〉（表現）は〈裏《うら》〉（同じ一つの否定）によって貫かれて初めて——言うなら、同時には〈裏〉を表現することができないことによって初めて——〈表〉

〈表現〉となりうる、という事態と同然である。「思念的実在［完全］性」とは〈知性の内部〉そのものの表現であり、この実在［完全］度を昇ってゆく方向からみられた〈知性の外部はむしろ〈別の或る実在［完全］性〉として、〈知性の内部なる実在［完全］性〉を全面的に否定するようにして、その本質規定を成すのである。知性の外部は、知性の内部という表現を得ることによって初めて、自らを開示するのであって、ここに知性の内部と外部との区別と同一性とが問われることになる。

デカルトはこの問題を、「あらゆる観念は自らの思念的実在［完全］性の、実在的に存在しつつある原因を有していなければならない(40)」（それゆえ、観念は、先に述べた如く、事物からいわば生まれつつある結果としての〈存在者性〉を表現するのである）という、原因性の相のもとに展開する。観念とは「知性の外部に措定される事物」ではなく、かくてそのような知性の外部なる「現実態における在りつつあるもの（ens actu）」ではないが、しかしまた、精神によって「虚構された何か、言うなら観念的な在りつつあるもの（ens rationis）」でもなく、それは「実在的な或るもの（reale aliquid）であって、判明に概念される」ものである。したがって、観念は「知性の外部に存在するためには原因を必要としない」（つまり、観念は「単に概念されるのみ」であって、知性の外部では「無」であるのだから、「原因づけられる（causari）」ということはありえない）とは言えても、「概念されるためには原因がまさに必要である」。つまり、概念については、「ただ単に概念されるのみ」と言われることのみに止まらず、「何故それが概念されるのかというその原因」が問われねばならぬのである。なぜなら、観念が他の思念的実在〔完全〕性よりもむしろこの思念的実在〔完全〕性を含むということ、このことを当の観念はまさしく「或る原因から得ているはず」だからである[41]。かくして、「観念が自らのうちに思念的完全〔実在〕性をより多く含めば含むほど、その原因はそれだけ完全〔実在的〕でなければならぬ、ということがわかる」（Prim., I, 17, VIII-1, p. 11〔　〕内は引用者による補足）。というのも、たとえば「もし誰かが或るきわめて精巧な機械の観念をもつという場合に、彼がその観念をもつに到った原因は何かと、当然問うことができるであろう。すなわち、他の人によって作られたこのような機械をどこかで見たのか、機械学の知識をそれほど正確に学んだことがあるのか、それとも、まだどこでも見たことのない機械を自分で考案することができるほど、天賦の才が彼のうちに在るのか、と」(*Prin., ibid*)。これに対して、それは観念にかかわる事柄であるからその原因を問うたりする必要はない、と答えたり、あるいは、概念することは知性の作用に属するのであるから知性そのものが原因である、と答えても、われわれは満足しないであろう。なぜなら、そのような答えはいわば当然のことを繰返しただけのことであって、問題は当の機械の観念のなかに在る〈思念的な技巧の原因〉にかかわっているのだからである。言い換えれば、当の観念の或る特定の表象内容の形成の原因が尋ねられねばならない。[42]当の観念のうちに「ただ単に思念的にのみ、言うならいわば像のうちに在るものとして(objective tantum sive tanquam in imagine)含まれている」全技巧は、全てその原因のうちに(それが如何なる性質の原因であるにせよ)含まれていなければならぬのである(*Prin., ibid*)。しかも、そのような原因のうち「少なくとも第一の主要な原因(causa prima & praecipua)」のなかでは、ただ単に「思念的、言うなら表現的に(objective sive repraesentative)」含まれているばかりでなく、実際に「形相的もしくは優勝的に(formaliter aut eminenter)」[43]含まれていなければならぬのである(*Prin.*, *ibid*）。

ところで、「われわれは自らのうちに神、言うなら至高の存在者、の観念をもっている」のであるから、われわれは当の観念を如何なる原因によってもつに到ったかを当然追求してみることができる（*Prim.*, *I*, *18*, AT, VIII-1, p. 11）。そうすると、われわれは当の観念のうちに「広大無辺性（immensitas）」、言うなら「あらゆる完全性を真に併せもっている」という特質、を見出すであろうが、それは「実在的に存在する神」以外からはわれわれに賦与され得ないものであるということがまったく確信されるのである。（*Prim.*, *ibid*）。それというのも、「無からは何も生じない」ということ、また、「より多く完全であるものが、より少なく完全であるものから、これを作出的かつ全体的原因（causa efficiens & totalis）として、産出されることはない」ということ、それればかりではなく、「われわれのうちに事物についての何らかの観念言うなら像が在り、しかも、それの全ての完全性を現実に（reipsa）含んでいる原型（Archetypus）とも言うべきものが、われわれ自身のうちにであれわれわれの外にであれ、どこにも存在しないなどということは不可能である」ということ、これらのことは「自然の光によってきわめて明白」だからである（*Prin., ibid*, AT, VIII-1, pp. 11-12）。右の引用中、デカルトが「原因」に関して「作出的かつ全体的原因」とわざわざ付言する[45]のは何故であろうか。

先ず、デカルトは「作出原因」の特性に注目する。すなわち、作出原因が原因という資格をもち得るのは、唯ただそれが「結果を産出しつつあるかぎりにおいて（quandiu producit effectum）」のみのことである[46]。たしかに、一般に原因は「結果に対して時間的に先なるもの」であり、また「結果とは別個のもの」である[47]。しかし、これら二つの条件を混同して、その一を他によって説明してはならない。作出原因は原因と結果とがいわば同時的に存立することを理解させる概念であるから、少なくとも第一の条件を斥けることはできようが、しかしそのことが第二の条件までも斥けることにはなり得ないのである[48]。というのは、原因が結果に対して「時間的に先なるもの」と言われる場合には、そのような結果を〈かつて産出した原因〉が尋ねられることになるが、そのような探求は原因の系列を無際限に溯行して、「第一原因（causa prima）」と呼ばれる究極の原因を結論するには到らぬであろう[49]。そしてそのような事態は、原因と結果とを、〈時間的に同じ秩序のもの〉と解する——言うなら、等質的時間の経過の相のもとで捉える（さらに言うなら、原因はまた結果にもなりうる）——ことによって、「別個のもの」として分離することに由因している（これは、先ず、結果を措定したうえで、それに関する原因を尋ねるという態度である。本来の意味での「作出原因」を尋ねるということは、結果を通してではあるにせよ、唯ただ結果が原因といわば同時的に存立しているかぎりにおいてのみ、果され得る）。二つの条件について、このような混同は斥けられるべきであって、原因と結果とが「別個のもの」であるということは、両者が〈いわば同時的に存立する〉——言うなら、〈産みつつある原因〉と〈産まれつつある結果〉との綜合として存立する——という条件のもとでのみ理解されねばならぬのである。時間的〈先後〉の関係において「別個」にあるのではなく、時間的〈秩序〉に関して「別個」なのである。

　このように、デカルトは「作出原因」の特性に注目することによって、事物と事物とのあいだで行使される通常の因果律を批判して、これを事物と観念とのあいだにも適用しようとする。すなわち、先にも述べた〈原因性の原理〉——〈*Prin., I, 18*, AT, VIII-1, pp. 11-12〉、言うなら、「作出的かつ全体的原因のうちには、この原因の結果のうちに在るのと少なくとも同じだけの実在性がなければならぬ」（3^{a}M, AT, VII, p. 40）ということ——は「ただ単に、その実在性が現実的（actualis）言うなら形相的（formalis）であるところの結果について明白に真であるのみでなく、そのうちにおいては唯ただ思念的実在性のみが考察されるところの観念についてもまた真である」（3^{a}M, AT, VII, p. 41 傍点は引用者の付したもの）。観念は「いわば事物の像」として、〈事物からいわば生まれつつある結果〉であって、言うなら「思惟の形相[50]」であって、その形相的実在性は私の思惟の働き以外のものに求める必要はない。「しかるに、この観念が、他の思念的実在性をではなく、このあるいはあの思念的実在性を含むということはといえば、まさしくこのことを、この観念が思念的実在性について含むのと少なくとも同じだけの形相的実在性を自己のうちに有するところの或る原因によって得てこなければならぬのである」（(3^{a}M, ibid. 注（40）参照)。「私は思惟しつつある事物である」という〈コギト〉の相のもとで、観念が〈いわば生まれつつある結果〉であるとするならば、それと同時に〈いわば生みつつある原因〉が考えられねばならぬのである。そして、この

〈在りつつある（ens）〉という事態が「無（nihil; non ens）」の見地を斥ける。すなわち、「もしわれわれがその原因のうちに存しなかった或るものが観念のうちに見出されるとみなすならば、この観念はしたがってこれを無から得てくることになり、しかるに、事物がよって以て観念を介して知性のうちに思念的に在るところのこの在り方（essendi modus）は、たとえ不完全であるにせよ、たしかにまったく無ではなく、またしたがって無から出てくるということはあり得ない」（3^a*M*, ibid）、これを簡単に言えば、「無からは何ものも生じない」〈*Prim.*, *I*, *18*, AT, VIII-1, p. 11〉のである。なおまた、原因と結果（としての観念）とは、そのようにいわば同時的に存立するにせよ、一は〈いわば生みつつあるもの〉、他は〈いわば生まれつつあるもの〉として、あくまでも「別個のもの」であるがゆえに、〈観念において考察される実在性が単に思念的なものである以上、原因において考察される実在性も思念的に在れば十分であって、形相的に在る必要はない〉などと忖度してはならない（3^a*M*, AT, VII, pp. 41–42）。「この思念的な在り方が観念に、観念の本性上［すなわち、いわば〈生まれつつあるもの〉として］、合致するのと同じように、形相的な在り方が観念の原因に、少なくともその第一にして主要な原因には、この原因の本性上［すなわち、いわば〈生みつつあるもの〉として］、合致する」（3^{a}*M*, AT, VII, p. 42; cf. *Prin.*, *I*, *17*, AT, VIII-1, p. 11［ ］内は引用者による補足）のである。かくして、作出原因は一方で、その結果とは「別個のもの」であるようにして、当の結果の有する実在［完全］性にさまざまな度を許容するとともに、他方、当の結果と〈いわば同時的に存立する〉ようにして、それの実在［完全］性を形相的に含むような〈別の或る実在［完全］性〉に触れるのである。観念を〈結果〉という相のもとでみるならば、或る観念が他の観念から産出されるということがあり得るにしても、そこに「無限への溯行」はあり得ない。結局は或る「第一の観念」へ到りつかざるを得ないけれども、この「第一の観念」の原因たるや「原型の如きもの（instar archetypi）」であって、「そこにおいては、観念のうちに思念的にのみ在るところの実在性［言うなら、完全性もしくは事物性もしくは存在者性］の全てが形相的に含まれている」のである（3^{a}*M*, ibid; cf. *Prin.*, *I*, *18*, AT, VIII-1, p. 12.)。かくして、「われわれがその観念を有するかの至高の諸完全性は、けっしてわれわれのうちに見出されないのであるから、まさにこのことから、それら完全性は、われわれとは別個の或るものすなわち神のうちに在る、もしくは少なくともかつては在った、とわれわれは正当に結論する。そしてこのこと［それら完全性が無限であったこと］[51]から、それら完全性は今なお在るということが、きわめて明証的に帰結するのである」(*Prim., I, 18*, AT. VIII-1, p. 12)。(右の引用のなかで、「少なくともかつては在った」と言われているのは、〈結果〉の相のもと、「第一原因」への溯行の相のもと、原因は結果に対して〈いわば——秩序のうえで——時間的に先なるものである〉がゆえのことであり、これに対して「神のうちに在る」というのは、結果が原因といわば同時的に存立することによって、「第一原因にいわば触れている」相のもとで言われているのである。)

なおまた、たしかに、私のうちに在る観念とは「何か像の如きもの(veluti quaedam imagines)」であって、「それらが取得された元の事物の完全性に背馳することの容易にあるもの」ではあるが、元の事物よりもいっそう完全なものを含むということはけっしてありえない(3^a*M*, ibid)。しかし、観念がさまざまな実在度(言うなら事物度)を以て現われるということは、当の観念が「原型」と或る仕方で合致している——言うなら、「いっそう多く事物」であり、「いっそう少なく事物」である――ということでもある。つまり、観念は、そのように自らの実在性（言うなら事物性）を有して、〈それ以外では在り得ぬ〉という必然性を具えているだけではなく、さらに〈他の何ものかなくしては在り得ぬ〉ものたるべく、当の〈何ものか〉を自らの本性ゆえに必然的なものとして要求するのである。この〈自らの本性ゆえに必然的なものとして要求される〉、観念にとって不可欠な原因こそは「全体的原因」に他ならない。それは作出原因が自らの結果と〈別個のものであるがゆえに、いわば同時的に存立する〉という相のもとに、却って作出原因を必要とせぬ原因ないし根拠として導出される。すなわち、作出原因はそれの結果に対して「時間的に先なるもの」ではないがゆえに、如何なる結果のうちにもその作出原因を尋ねることの許されぬようなものはないのであり、かくてまた、或る結果の作出原因を探求するということは、もしそれが作出原因をもたぬとすれば――もし〈原因（産むもの）〉が〈結果（産まれるもの）〉の身分になりえぬのだとすれば――何故それを必要としないのかの探求をも要請する、ということを意味している。[52] そして、事物について原因を尋ねるということは、それが「自らに由因して（a se）」在るのか、

「他に由因して（ab alio）」在るのか、と問うことである。かくて、「他に由因して」在るものは「いわば作出原因に由るようにして」他に由って在るのに対して、「自らに由因して」在るものは、「作出原因を必要としないような本質を有するがゆえに」、言うなら「いわば形相原因（causa formalis）に由るようにして」、自らに由って在るのである。[53]

以上の如くにして、「原因」に関して「作出的かつ全体的」とわざわざ付言されたことの意味が明らかになるとともに、この「作出的かつ全体的原因」なる概念は、「作出的自己原因（causa efficiens sui ipsius）[54]」とでもいうべき、動的な全体性にかかわっていることも明らかになる。作出原因は、「結果を産出しつつあるかぎりにおいて」という動的な相のもとに解されることによって、その極限において全体的原因に媒介されるのである。〈全体〉とは、自らは動かずして他を動かすもの（この〈不動の動者〉としての全体は部分の有する実在性を支持していない、つまり、部分は存在することもしないこともできるような存在者でしかない）ではなくて、自ら動きつつ自他を産出するもののことである。そのかぎりにおいて、全体はけっして部分に先行するのではなく、唯ただ部分を通してのみ表現され得る。ここに言う〈部分〉とは、知性の内部なる事物としての「思念的実在［完全］性」の有する、さまざまな度に対応する。〈部分〉に具わる〈肯定性〉を本質的に規定するような〈否定〉を介してこそ、〈全体〉は表現され得る。〈部分〉は〈全体〉に先行しつつ、〈全体〉を不可欠なものとして要求するのである。ここに知性の内部は、外部といわば同時的に存立しつつ、内部とは別個のものとして外部に触れるということになる。さまざまな〈度〉の系列の〈全体〉を把握するためには、いわば〈系列の外部〉へ出なければならないのであって、その際、この〈いわば外部〉を〈端的な外部〉とみなすならば、〈系列の単なる総和〉としての〈全体〉を〈内部〉とみなすことになろう。観念は、「何か像の如きものとして私のうちに在り」、かくて「それらが取得された元の事物の完全性に背馳することの容易にあり得るもの」であるとはいえ、作出的原因性の相のもとに、極限において常にすでに、「元の事物」に触れている。観念は「いっそう多く事物」であり、「いっそう少なく事物」であるという仕方で、それぞれの度に応じて、いわば〈部分〉的に、「原型」たる〈事物そのもの〉に与るようにして、事物そのものによって産出されるのである。

以上が〈神存在のア・ポステリオリな第一の証明〉の概要であるが、ア・ポステリオリな道によってはは「われわれは神の本性を包括的に把握（comprehendere）しないけれども、それの諸完全性は、われわれによって、他の全ての事物よりも明晰に認識される」（*Prin., I, 19*. AT. VIII-1, p. 12）、ということが明らかになった。それというのも、われわれが神の諸々の完全性を「包括的に把握」しないということは、「有限であるわれわれによっては包括的に把握されないということが、無限なるものの本性に属する」（*Prin., ibid.* cf. 3^a*M*, AT. VII, p. 46）からに他ならない。実際、神の観念の特質は〈真なる（積極的意味における）無限性〉に在するのである。すなわち、「無限な実体のうちには有限な実体のうちにおけるよりもいっそう多くの実在性が在ること、またしたがって、無限なるものの知覚は有限なるものの知覚よりも、言い換えるなら、神の知覚は私自身の知覚よりも、或る意味で先なる（prior quodammodo）ものとして私のうちに在ること」を、われわれは明瞭に知解するのである（3^a*M*, AT. VII, p. 45）。有限者の知覚に対して無限者の知覚が「或る意味で先なるもの」と言われ、〈端的に先なるもの〉と言われないのは、〈無限者の知覚は有限者の否定によって果されてはならぬ〉（3^{e}*M*, ibid）ということを意味するからに他ならない。無限者が真実支持され主題化されるためには、有限者を支持しつつこれを超越するのでなければならない。有限者は自らとは次元を異にする無限者に常にすでに触れているのでなければならない。無限者は有限者を通して追求されるかぎりにおいて無限者たりうるのであり、そのようにして、無限者は有限者と〈いわば同時的に存立する〉（つまり、産みつつある原因と産まれつつある結果との綜合として存立する）がゆえに、知覚において無限者は有限者に対して「或る意味で先なるもの」なのである。かくして、〈包括的に把握しない〉ということは、単に無限者全体の或る一部分のみを把握する、という意味ではない。そうではなく、「無限なるものの全体を、それが人間的観念によって表象されるべき仕方において、表象する」ことと解されるべきである。[55] それはあたかも、幾何学に通じていない者が、三角形とは三つの線で囲まれた図形である、ということを知解する場合には、彼は三角形全体の観念を有している（このことはたとえば、数を数える際に〈1〉から〈2〉へ移るにも無限に触れねばならぬ、というのと同じ事態である）、ということをわれわれは疑わない——幾何学者ならば同じ三角形のうちでもっと多くのことに気づいているとしても――というのと同じ理由によるのである。三角形全体の観念をもつためには、それが三つの線で囲まれた図形であることを知解することで十分である如く、無限なるものの真にして全体的な観念をもつということのためには、それが如何なる限界によっても囲まれていない事物であるということを知解することで十分なのである[56]。かくして、有限者であるわれわれによっては〈包括的に把握されない〉というのが無限者の無限者たる所以である、ということをよく知解するならば、「神の諸々の完全性は、われわれの思惟をより広く占有し［なぜなら、それらは感覚や想像によってではなく純粋知性によって捉えられるがゆえに］、しかも単純であり［なぜなら、それらは全てが一つのものとして不可分離的であるがゆえに］、いかなる制限によっても不明瞭にされていない［なぜなら、それらは無限なるものであるがゆえに］」(*Prin., ibid.*)、ということがこのうえもなく明らかになるのである。

2　神存在のア・ポステリオリな第二の証明

以上に要約した〈ア・ポステリオリな第一の証明〉の根幹は、「作出的かつ全体的な原因」性の原理の知解、言うなら、通常の因果律への批判にある。事物と事物とのあいだに適用されるのが通常である因果律を批判して、これを事物と観念のあいだに適用しようとするとき、原因性は〈生みつつある原因と生まれつつある結果との綜合〉として捉えられねばならぬのであったが、こうした事態を支えるものこそは「私は思惟しつつある事物である」という〈コギト〉の原理である。したがって、批判によって生まれる新たな因果律は、「公理」として[57]なお〈欺く神〉の介入を容れ得るものであるにもせよ、その方に〈私の注意を向けるかぎり同意せざるをえない〉あの「一般的規則」——すなわち、「私がきわめて明晰にきわめて判明に知覚するものは全て真である」（3^{a}*M*, AT, VII, p. 35）、ということ——のもとで理解されるべきものである[58]。新たな因果律は〈コギト〉の現実の働きのもとで〈私の注意作用〉によって支持され適用されるのである。したがってまた、この因果律批判には、「注意深く考察するとき自然の光によって明瞭でないものは何もない」のであるが、しかし「私があまり注意せず、感覚的な事物の像が精神の眼を曇らす場合、何故に私よりもいっそう完全な存在者［在りつつあるもの］の観念は必然的に、実際にいっそう完全なる或る存在者［在りつつあるもの］から出てこなければならぬかを、それほどたやすくは思い出せない」、と言われねばならぬのである（3^{a} *M*, AT, VII, p. 47［ ］は引用者による補足）。実際、〈われわれは自分自身によってではなく神によって創られたのであって、それゆえ神は存在する〉、ということに誰もが気づいているわけではないし、あるいはまた、われわれは或る精巧な機械の観念をもっていても、それをどこから受け取ったのかを知らないのが常である如く、われわれはいつも神の観念をもっているがゆえに、当の観念がいつの時か神からやってきたことを覚えていない始末である（*Prin., I, 20*, AT, VIII-1, p. 12）。かくして、〈私のうちなる神の観念〉は〈私の知性の外部なる神の存在〉を権利上要請することになるのである。当の観念の原因を尋ねて無際限に溯行する系列を完結し得ぬがゆえに無限者としての神を要請するのではない。却って、そのような無際限の溯行自体を支持すべく要請するのである。したがって、原因への溯行そのもののなかでは、たとえ当の原因が「存在しないと仮想することはもしかするとできる」(3^{a}*M*, AT, VII, p. 46) かのようにみえるにせよ、それはあくまでも〈事実上〉のことにすぎない（〈権利上〉は、すなわち論理的には、無限者の知覚が「或る意味で先なるもの」として私のうちに存する）。当の溯行が完結され得ぬかのように放棄されるなら（つまり、結果から原因へとのみ溯行が行なわれて、かくて結果が原因といわば同時的に存立するという事態が無視されるなら、言い換えるなら、精神の眼が感覚的想像的思考によって曇らされるなら）、溯行の度毎に観念（すなわち結果）の思念的実在性は現実的実在性に転化し、かくて〈神の存在〉は〈私の存在〉を以て置き代えられるであろう。かくして、「神の至高の完全性の観念を自らのうちに有しているわれわれ自身が、一体何に由って在るのか［神が存在しないとした場合でも存在しうるか］が、なお問われねばならぬのである」(*Prin., ibid*; cf. 3^{a}*M*, AT, VII, p. 48. ［ ］内は引用者による補足）。ここにいわゆる〈ア・ポステリオリな第二の証明〉が展開されることになる。

私は何に由因して存在するのか。私自身か、両親か、他の何であれ神よりも完全でないものか、それとも神か、のいずれかである（3^{a}*M*, ibid）。

先ず、私の存在が私自身に由因するとしてみよう。そうだとすれば、私は疑うことも、願望することも、およそ何かが私に欠けているということもないであろう。実際、「自分より完全な何かを知っているものは、自らに由因して在るのではない、さもなくば、そのようなものは自らのうちにある観念が表わす全ての完全性を自ら自身に与えたであろうから」（*Prin., ibid*; cf. 3^{a}*M*, ibid）である。ところで、私が自らに完全性の全てを与えていないという事態はといえば、それは私に欠けている完全性が、すでに私のうちにある完全性よりも、獲得するのにいっそう困難であるということを意味するのだ、などと考えてはならない（3^{a}*M*, ibid）。事情はまったく逆であって、「思惟しつつある事物、言うなら思惟しつつある実体」としての私が「無（nihil）」（すなわち、在りつつあるなきもの［non ens］）から発現することの方が、単にこの実体の属性ないし偶有性にすぎぬところの認識を獲得するよりも、はるかに困難であったということは明白なのである（3^{a}*M*, ibid）。属性は、その全体を一挙に捉えるならば、たしかに実体と同じになるが、しかし、〈属性の認識を獲得する〉とは、まさしく〈全体として一挙に捉えるのではない〉ということ、さまざまな属性のなかから一つずつ産み出してゆくということに他ならない[59]。かくて、私の完全性に欠けるところがあり、あるいはそれが増大し得るものであるという事実は、私は少なくとも私自身によって産出された実体ではない、ということを明すものである。実際、私は〈かのいっそう大きな完全性、言うなら増大し得る完全性〉を私自身から得ているのなら、少なくとも、実体よりもいっそう容易にもち得る完全性を私に拒むようなことはしなかったであろう。なおまた、神の観念のうちに含まれていると私の知覚するところの他の如何なる完全性をも、私に拒むようなことはしなかったであろう（3ᵃM, ibid）。これらの完全性のうちには、実体を作り出すことに較べれば、作り出すのにいっそう困難であると思われるものは何もないのであって、もしそのような困難が存するのなら、私はそれを意識したことであろう。それというのも、私は、私が現に有している他の完全性についてはそれを私自身から得ているのであるから、そのような困難な事柄においては私の力に限界があるのを経験したことであろうからである（3ᵃ

M, ibid)。

右の如き事態が帰結するのであれば、今度は、私が〈私に由因する〉ということを、〈私によって産出される〉と解するのではなくて、「現に私の在るように私はおそらく常に在った」と解すれば如何であろうか。そうとすれば、何ものも私に先立って、存在してはいなかった、と言えるのではないか（3^a*M*, ibid）。しかるに、「われわれが時間の本性、すなわち事物の持続の本性、に注意を向けさえするなら、この論証の明証性を不明瞭にするものは何もないのである。その本性とは、時間の諸部分が相互に依存することなく、けっして同時に存在しないということである」（*Prim.*, *I*, *21*, AT, VIII-1, p.13; cf. 3^a*M*, AT, VII, pp. 48-49）。実際、私は「思惟しつつある事物」であるがゆえに、私の生涯の全時間は相互に依存することも同時に存立することもけっしてない「無数の部分」（すなわち思惟様態的部分、言い換えるなら時間としての瞬間、さらに言うなら、固有性を具えた、つまり始めと終りをもった、瞬間）へと分割されることができるのであって（3^a*M*, AT, VII, p. 49）、かくて、「われわれが今在るということから、直ぐ次の時間にも在るであろうということが帰結するのは、ただ或る原因、すなわち始めにわれわれを産出したその原因が、絶えずいわば再産出する、言い換えるなら保存する、という場合にかぎる」のである（*Prin., ibid*; cf. 3^{a}*M*, ibid）。これがデカルトのいわゆる〈連続創造説〉であって、実際、時間の本性に注目すれば明白なことなのであるが、如何なる事物でも、それが持続する個々の瞬間において保存されるためには、当の事物が未だ存在していなかった場合に新しく創造されるために要したのとまったく同じだけの力と働きとを要するのである。その意味で、「保存と創造とは独り考え方のうえでのみ異なるにすぎない」ということは、自然の光によって明らかなのである（3^{a}*M*, ibid）。そうだとすれば、そのように「現に今存立している私が少し後にも存在するであろうようにすることのできる何らかの力」（3^{a}*M*, ibid）、言うなら「われわれがよって以てわれわれ自身を保存するだけの力」（*Prin., ibid*）、が私に具わっているかどうかを尋ねてみなければならない。ところで、私は厳密な意味で「思惟しつつある事物」であるがゆえに、あるいは少なくとも今は唯ただまさしく、「私の、思惟しつつある事物であるところの、部分」（つまり、思惟様態的な各々の瞬間、言うなら始めと終りを具えた各々の瞬間）のみを問題にしているのであるがゆえに、もしも何か「そのような力」が私のうちに在ったとするならば、疑いもなく私はこれを意識したはずであるが、実はしかし現にそれを意識していない。それゆえ私は、私が私とは別個の「或る存在者［在りつつあるもの］」に依存することを、きわめて明証的に認識するのである（3^a*M*, ibid; cf. *Prin.*, *ibid*）。

〈私は厳密な意味で思惟しつつある事物である〉ということは、私は思惟しつつあるかぎりにおいてのみ存在するということ、もし私が一切の思惟を止めるとしたなら、私は直ちに存在することをまったく罷めるであろうということ、であった。たしかに、私の全ての行為は時間において果され、かくて私は同じ思惟において或る時間のあいだ持続すると言い得るのであって、私の思惟は持続に関するかぎり拡がりをもち部分に分割することができる。しかし、思惟自体は本性上は拡がりをもたず、分割することができないのである[60]。思惟が止むと同時に存在も罷めるということはそのような意味である。〈この私〉が次の瞬間にも〈この私〉として「保存」されるということは、〈この私〉でないこともあり得るものとして、「保存」される（すなわち「創造」される）ということなのである。（これが「保存」と「創造」

とは単に考え方のうえで異なるものにすぎない、ということの意味である。ここに、すでに述べた［注（19）］、そして再び後述することになる、〈永遠真理被造説〉が語られている。「保存」は本質の秩序を形成するが、「保存」が「創造」であるがゆえに――「創造」においては瞬間毎に生まれ変わるのであるにもかかわらず、それが同一のものとして「保存」されるがゆえに――当の本質は偶然性を容れ得るものである。かくして、事物の本質の被造性が語られることになるのである。）かくして、思惟はその持続においては無際限に可分割的であって、それゆえ、分割された持続の部分は本質的に（言うなら、各々の瞬間はそれぞれ固有の始めと終りをもつがゆえに）非連続的であるということになる。〈思惟しつつあるかぎりにおいてのみ〉とは、〈思惟は必然的に持続において果され、当の持続は無際限に可分割的であるがゆえに、非連続的な部分から成る〉ということを意味するのである。したがって、たとえ何ものも私に先立って存在していなかったとしても、それでも「私がすでに在る」ということからは、何らかの原因が各瞬間に私をいわばもう一度創造し直すというのでないかぎり、「引き続いて私が在るであろう」ということは帰結しない[61]。かくして、私が私とは別個の存在者に依存しているということは明らかなのである。

とはいえ、そのような存在者は神ではなくて、両親か、それとも神よりは完全でない何らかの他の原因というわけではないのか。否、そうではない（3^{a}*M*, ibid）。この問題は『哲学原理』においては明確には主題化されていないが、『省察』によって補足しておくことにする。すでに「作出的かつ全体的な原因」なる概念の分析において明らかにしたように、原因のうちにはその結果のうちに在るのと少なくとも同じだけの実在性がなければならない。ところで、〈私〉は「思惟しつつある事物」であり、また「神の或る観念を私のうちに有しつつある事物」であるから、〈私の原因〉もまた同じように、「思惟しつつある事物」であり、また「私が神に帰する一切の完全性の観念を有する」と認められねばならない。そして、原因を尋ねるということは、〈自らに由因して在るのか、それとも他に由因して在るのか〉、を問うことである。そこで、自らに由因して在るのなら、当の原因がすなわち神であることは明らかである。なぜなら、当の原因は「自分自身によって存在する力」を有しているわけであって、かくて、自分自身のうちに観念としてもっている一切の完全性を（言い換えるなら、神のうちに在ると私が考えるところの一切の完全性を）現実的に所有する力を有しているからである。しかるに、もし他に由因して在るのなら、この〈他のもの〉についても同じように自らに由因して在るのか他に由因して在るのかが問われ、かくして、ついには「神であろうところの究極的な原因」に到達するのである（$3^a M$, AT, VII, pp. 49-50）。以上を『哲学原理』によって簡潔に要約して述べるなら、「自分とは異なるわれわれを保存するほど大きな力をうちに蔵するものは、それだけいっそう自分自身をも保存するか、あるいはむしろ、［他の］何ものによっても保存されることを要しないものであって、結局神が在るということを」われわれは容易に知解する（*Prin., ibid*）、というわけである。

「究極的原因」言うなら「第一原因」に到達するということは、原因の系列の溯行を停止し得るということ、原因の継起から自由になるということを意味する。そして、そのように溯行を停止し得るのは、単に「私をかつて産出した原因」——〈生成の因〉——のみを問題にするからではなく、とりわけ「私を現時点において保存している原因」——〈存在の因〉——を問題にするからである（$3^a M$, AT, VII, p. 50）。原因の前者の探求においては、原因の系列は無際限に続き、究極の原因を結論するには到らない。そこにおいては、無限の系列を〈包括的に把握し得ない〉という、〈有限な私の知性の不完全性〉が帰結するにすぎない(62)。このような事態は、「作出原因」なる概念の分析においてすでにみた如く、原因と結果とを、等質的な時間の経過（つまり、要素的な瞬間の連続）の相のもとにみて、先後の関係において分離するということに由因する。しかし実は、作出的原因性は原因と結果とを〈いわば同時的に存立する〉もの（つまり、〈生みつつある原因〉と〈生まれつつある結果〉との綜合）として捉えるところにその特質があった。ところで、私は〈思惟しつつあるかぎりにおいてのみ存在する〉のであるから、現に今私を保存している原因こそが問題である。そして、私を保存する原因を「作出原因」と称することは許可される(63)。そうだとすれば、〈私の存在〉とは私を現に今産出しつつある原因といわば同時的に存立するような〈結果〉のことであって、その意味で「私は全ての原因の継起から自由になっている(64)」と言い得るのである。それゆえ、「思惟しつつある事物」であるというかぎりでの〈私〉の原因を問うということは、〈自らに由因して在る〉ような存在者［在りつつあるもの］を尋ねることに他ならない(65)。そのような存在者は、もはや消極的に「原因なしに」ではなく、能うるかぎり積極的に「原因に由って」在るかの如くに、「自らに由因して」在る。言うなら、「存在するために如何なるものの介助をもけっして必要としなかったし、そしてまた今も保存されるためにそれを必要としない、かくて或る意味で自己原因（quodammodo sui causa）であるといえるほど、それほど大いなる汲み尽くせない力能（potentia）がそのうちに在るような或るもの」であって、神こそがそのようなものであると知解されるのである。[66]「神は自己自身の作出原因である」とまでは言ってはならない（なぜなら、後述する如く、神は「自己原因」であるからといって、「自己結果」でもある、と解されてはならぬからである）にせよ、それでも「神は自らに由因して在る、言うなら神は自らとは別個の如何なる原因をももたない」のであって、このことが「神の力能の広大無辺性（immensitas）に由因している」と知覚されるのであるから、「神は自己自身に対して、作出原因が結果に対するのと、或る意味で同じ関係に立ち、したがって、神は積極的に自分自身に由因して在る」と考えることがわれわれには許されるのである。[67]「或る意味で同じ〈quodammodo idem〉」関係に立つのであって、〈端的に同じ〉関係に立つのではない。このことによって、デカルトは「神が自己自身の作出原因であるということを否定した(68)」のである。すなわち、神の汲み尽くせない広大無辺の力能（言うなら本質）のもとに、「神は［作出］原因を必要としないところの原因ないし理由である」ということ、そしてそのような「原因ないし理由は積極的である」（つまり、「作出原因を必要としない」ということを消極的意味に解してはならぬこと）ということ、を知解する(69)ことが問題なのである。神は或る意味で自己原因であって、いわば〈自己が自己を産出する〉のであるが、その意味するところは、被造物が神によって保存されるのと同じような作用によって、〈自己を保存する〉というのではなく、〈神がそのような保存者を必要としないことの原因ないし理由たる力能（言うなら本質）の広大無辺性が積極的な事物である（つまり、無際限を超える真なる無限である）〉ということなのである(70)。「力能」あるいは「本質」は産出の〈働き〉そのものであって、これを消極的に〈対象という仕方で〉――〈自己を保存する〉という仕方で――規定してはならない。〈対象〉という仕方で規定されて、〈保存される自己〉が「自己結果(71)」の如く注目されるならば、神の「力能」あるいは「本質」を〈働き〉として支持していないことになる。原因は何ものかを産出するのであるが、〈産出〉という〈働き〉の相のもとにみるかぎり、当の〈何ものか〉は〈結果〉ではない。〈結果〉とみなされるときは、〈働き〉のいわば外に出るようにして――〈働き〉そのものを止めて――、〈産出〉の働きを対象化して眺めることを意味しているのである。かくして、自己が自己を産出するというとき、産出される自己は〈結果〉ではないがゆえに、「自己原因」は真の意味で（つまり、原因としての自己と結果としての自己との実在性がまったく等しいという意味で、言うなら、自己がそのまま自己として産出されるという意味で）「形相原因」と呼ばれるにふさわしい。[72]「形相原因」とは、〈不動の動者〉として消極的に捉えられるべきではなく、自ら動きつつ自他を産出する原因なのである。[73]

ところで、「神の存在を神の観念によって証明するという、このような証明の仕方には大きな利点がある。つまり、われわれは同時に、自らの本性の微力が許すかぎり、一体神とは何であるかを、認識するからである（*Prim., I*, 22, AT, VIII-1, p. 13）。たしかに、私が神に帰するところの完全性の全てを神は現実的に所有しているといわれるとき、それは「自己の結果」として所有するという意味ではない。神はその本質が広大無辺であって、存在するのに作出原因を必要としないというのであれば、神が認識するところの完全性の全てを所有するためにも作出原因を必要としないであろう、ということは明らかだからである。[74] 私が神に完全性を帰するということは、人間のうちで私が気づくところの完全性を人間的なもの以上であると認識されるまでに増大させることによるのではあるが、しかし、そのように増大させる力そのものは、私が神によって創造されたというのでないかぎり、私のうちには在り得ないのである。[75] 別の言い方をすれば、神の観念は、被造物の完全性が増大させられることによって、「次第に形成される」のではなく、無限であってもはや如何なる増大も不可能である存在に私が精神によって触れるということから、「全体として同時に形成される」のである。[76] さらに別の言い方をすれば、私は「われわれが生まれながらにもっている神の観念」をかえりみることによって、「或る無限な完全性、言うなら如何なる不完全性によっても制限されていない完全性、がそのうちに存すると、われわれが明断に気づくことのできるあらゆるものを、神は自らのうちにもっている」、ということを認めるのである。(*Prin., ibid*)。もし完全性を増大させる力が本質的に人間的なものであるとすれば、神に帰されることになる完全性とは、増大させられてゆく完全性の、それゆえ自体的には不完全なものの、否定

〈「制限」〉によって概念される完全性に他ならぬことになる。完全性が増大させられるということのためには、そのように〈増大させられる〉という事態を支持するように、常にすでに〈真なる完全性〉――如何なる意味でもさらなる完全性へと生成することのない完全性――に触れているのでなければならぬのである。相対的な完全性の否定によって概念される完全性はそれが如何に多く取り集められても、その複合は統一を成さない。複合される完全性の各々が真に完全であると言われ得るためには、複合の仕方そのものも完全でなければならぬからである。「統一性、単純性、言うなら神のうちにある一切のものの不可分離性は、神のうちに在ると私の知解する主要な完全性の一つなのである（3^{e}*M*, ibid）。したがって、「幾つもの部分的原因」が協働しあって私を産出したかのように、かくして、私が神に帰するさまざまな完全性の観念をそれぞれ別個の原因から受け取ったかのように、みなしてはならない。（3^{e}*M*, ibid）。「神におけるあらゆる完全性の、このような統一性の観念は、他の諸々の完全性の観念をも私に抱かしめるところの原因によってでなければ、私のうちに置かれ得なかった」はずであって、かくて私が如何なる完全性に気づくにせよ、完全性の何であるかを知解することは、如何なる完全性も不可分離的であると知解するということに等しいのである（3^a*M*, ibid）。かくして、〈私が神の観念を有しつつある事物である〉かぎり、私は複合的原因に由って在るのではないということになるのである。

ところで、〈私は神の観念を有しつつある事物である〉と言われるとき、当の観念を私は如何なる仕方で受け取ったか、そのことが吟味されるべく残された問題である。『哲学原理』では、それが「われわれが生まれながらにもっている（nobis ingenita）」（*Prim., ibid*）として、当の観念の〈生得性〉が前提されていた。一般に「或る観念がわれわれに生得的である」と言われるとき、それは「観念がわれわれに常に顕在している」ということを意味するのではなく、単に「われわれが自らのうちに観念を喚起する能力を有している」ということのみを意味する。(77) 当の能力は、いつでも現実的に意識され得るというかぎりでのみ、潜勢的に在るのであって、それゆえ、われわれは当の能力について意識することができなくても、その存在を否定することができないのである。(78)（その意味で、私は私が神に帰する一切の完全性に常にすでに触れているのである。）したがって、〈私は神の観念を、たとえ神の存在していることを私が知らないとしても、形成することができる〉とは言い得ても、その形成能力それ自体は、神が実際に存在して私を創造したというのでなければ、私のうちには在り得ないのである(79)。言うなら、神は私を創造するに当って、自ら自身の観念を「あたかもそれが自己の作品に刻印された製作者のしるしででもあるかのように、植えつけた」のである（3^{a}M, AT, VII, p. 51）。それはあたかも、或る画家によって絵を通して表現された模倣しがたい技巧はといえば、当の画家が自らの全ての絵に、他の画家の絵から識別されるように刻印した、或る種のしるしの如きものである、という場合と同然であって(80)、そのような「しるし」とは、神における一切の完全性が統一されて不可分離的な一者を成しているということ、言うなら、当の一切の完全性を複合して表現する仕方そのものの完全性、を意味するのである。それゆえ、或る画家の絵を他の画家の絵から識別させるあの技巧は絵そのものとは別個の何ものかではないように（つまり、絵は作為されるものではあっても、絵に具わる――いわば絵に生得的な――完全性は作為されるものではないということ、言うなら、絵の完全性は絵を描きつつ生まれる生得的なものであるということ）、神の創造のしるしは、その作品である私自身とは別個の事物であるという必要はない(81)。すなわち、「私は或る意味で神の像と似姿に象って（quodammodo ad imaginem & similitudinem ejus）作られている」のである（3^{a}*M*, ibid）。「或る意味で」であって、〈端的に〉というのではない。「像と似姿に象って」とはいえ、可視的想像的形象は厳に排除されねばならぬのである。デカルトが「像と似姿に象って」と語るときには、「結果は原因に類似している」という公理に込められた意味での「似姿」のことを言っている。したがって、通常言われるような〈大工が家の原因である〉、という意味での原因が問題なのではない。大工はただ単に「能動的なものを受動的なものに適用している」にすぎないのであって、そのかぎりでは大工が自分の作品に「似ている必要はない」。問題なのは「全体的な原因（causa totalis）」と「有［在ること］そのものの原因（causa ipsius esse）」である。そのような原因はといえば、原因そのものが「存在者［在りつつあるもの］（ens）」であり「実体」であって、何ものかを「有［在ること］に則って（secundum esse）」――同じことであるが、（産出される当の〈何ものか〉に即して言うなら）「無から（ex nihilo）」――産出されるのである以上、当の〈何ものかは少なくとも存在者［在りつつあるもの」であり実体であって、かくて神に似ていて神の像を表わすのでなければならぬのである[82]。そうだとすれば、神の観念をうちに含むこの「似姿」は、私が私自身を知覚するための能力と同じ能力で以て、私によって知覚されると言ってもよい（3^{a}*M*, ibid）。言い換えるなら、私が私自身のうちに精神の眼を向けるとき、私は他のものに依存する有限で不完全な事物であって、より大いなるものより善なるものを無際限に希求する事物である、と知解するというばかりでなく、それと同時に、私が依存する当の〈他のもの〉はより大いなるものの全てを単に無際限に潜勢的に有しているのではなく、実際に無限に有しているということ、かくてそれは神であるということ、をも知解するのである（3^{a}*M*, ibid）。つまり、「われわれは自らの本性の微力が許すかぎり、一体神とは何であるかを、認識する」（*Prim., ibid*）、というわけである。

　かくして、神の観念の生得性は「作出的かつ全体的な原因」なる概念のいわば究極の相を示すものであることが理解される。有限者は、積極的な意味での無際限の相のもとで常にすでに無限者に触れているということが見出されることによってのみ、有限者たりうる。神の存在が証明されるに到る以前には、作出原因の考察が不可欠なのであって、それゆえ神自身の作出原因をも探求することが許されねばならない。たとえ作出原因は「存在」についてのみ問われるのであって、「本質」については問われないのであるにせよ、神においては存在と本質とが区別されないというまさにそのことのために、神についても作出原因は問われ得るのである。[83] そのようにして初めて、自らに由因して在る存在者［在りつつあるもの］が、作出原因を必要としないような本質を有するものとして、明かされる。[84] 私は神の完全性の全体を「包括的に把握する」ことはできないが、しかし、「何らかの仕方で思惟によって触れる」ことはできるのである（$3^a M$, AT, VII, p. 52）。そして、このような〈神の観念〉のもとで、われわれは神が「一切の完全性を有し」、かくて「如何なる欠陥からもまったく免れている」ということを理解する。かくてまた、「神は欺瞞者ではありえない」ということが明らかとなるのである（$3^a M$, ibid）。

以上の如きが〈ア・ポステリオリな第二の証明〉と呼び慣わされているものであるが、そこにおいては〈ア・ポステリオリな第一の証明〉で語られる因果律批判（すなわち、因果の関係を事物同志のあいだにではなく、事物と観念とのあいだに適用すること、かくて原因と結果とを同種の実在の秩序においてみることを斥け、それらのいわば同時的存立を主張すること）がいっそうの徹底をみるのであって、そのことが〈連続創造説〉によって示されたのである。この〈第二の証明〉において、われわれは「作出原因」の考察の究極の相をみる。それは原因と結果との絶対的綜合——産出しつつある原因と産出されつつある結果との或る意味での同時的存立——によって、「存在」（言うなら、原因そのもの）を光のなかに引き出そうとする分析的努力である。この努力は、何よりも、原因と結果とを時間的に同じ秩序のものと解することの、言うなら、等質的時間の経過の相のもとで捉えることの、拒否に依拠している。そして、そのような〈拒否〉こそは、時間の諸部分を非連続とみなす見解、すなわち〈連続創造説〉と相即していた。それは言い換えるなら、いわば同時的に存立する原因と結果とのあいだに真正の時間秩序を引き入れようとする試みであった。それは言うなら、〈産出しつつある原因〉と〈産出されつつある結果〉とを綜合する〈つつある〉のもとに語られる〈同時性〉を、〈純粋持続としての——等質的なものとしてではない——時間〉として主題化することであった。それは因果律を、端的にア・プリオリな原理として、つまり絶対的必然性の相のもとに、捉えることの拒否であった。たしかに、因果律は、〈結果〉の相のもとでみられるなら、絶対的必然性を示すかにみえる。しかし、そのような必然性といえども、当の因果律を立てること自体の必然性を意味しない(85)。それらの必然性を区別すること、そのようにして因果律に具わる必然性のうちに根源的な偶然性を認めることは、〈究極の第一原因〉を真に積極的な意味において捉えることを要請する。〈結果〉の相のもとで〈原因の原因〉を溯る因果の系列を独り完結し得るものは、当の系列に対して「或る意味で先なるもの」としての、当の系列から自由な、積極的意味での〈究極の第一原因〉なのである。因果の系列に対して「或る意味で」先なるものであって、〈端的に〉先なるものではない。〈究極の第一原因〉が積極的に肯定されるのは、因果の系列を支持しつつ――けっして否定することなく――これを超越するからである。〈結果〉は〈産出されつつある結果〉として、自らとは秩序を異にする原因そのものに――言うなら、〈産出しつつある原因〉の相のもとで当の原因に――常にすでに触れていなければならぬのである。かくして、真の意味での〈究極の第一原因〉とは、もはや消極的に「原因なしに」在るのではなく、能うるかぎり積極的に「原因に由って」在るかの如くに、「自らに由因して」在るような原因である。すなわち、「自己原因」が権利上要請されるのである。

3　神存在のア・プリオリな証明

〈「自己原因」が権利上要請される〉ということは、神の観念における〈本質と存在との固有の結合〉、言うなら〈その論理的結合〉が問題になる、ということを意味する。すでに「作出原因」の考察の究極の相のもとに認められたように、デカルトは「神が自己自身の作出原因であることを否定した」。たしかに、神の存在が証明されるに到る以前には、作出原因の考察（ア・ポステリオリな証明の基礎）が不可欠であって、それゆえ神自身の作出原因をも探求することが許された。たとえ「作出原因」は「存在」についてのみ問われるものであって、「本質」については問われないものであるにせよ、神にあっては〈本質と存在とが区別されない〉という前提のもとで、神についても作出原因は問われ得た（注（83）参照）。しかるに、「神は自己自身の作出原因である」とみなすなら、〈神は「自己原因」であるがゆえに「自己結果」でもある〉と解してしまうことになる。この事態は、〈自己が自己を保存する〉という〈産出の働き〉としての「自己原因」にあって、〈自己を保存する〉ということがあたかも〈被造物が神によって保存されるのと同じような作用によって〉果される、ということを意味する。これは、神の「力能」すなわち「本質」に他ならぬ〈産出の働き〉を〈対象という仕方で〉――〈自己を保存する〉という仕方で――限定することであって、当の〈働き〉を〈働き〉として支持していないことを意味する。〈原因〉は何ものかを産出するのであるが、〈産出〉という〈働き〉の相のもとでみるかぎり、当の〈何ものか〉は〈結果〉ではないのであって、もしも〈結果〉とみなされるときには、〈働き〉のいわば外に出るようにして（つまり、〈働き〉そのものを止めて）、〈産出の働き〉を対象化して眺めることを意味するのである。かくして、「神は自己自身の作出原因である」とまでは言えないにせよ、それでも「神は自らに由因して在る、言うなら、神は自らとは別個の如何なる原因をもたない」のであって、このことが「神の力能［言うなら本質］の実在的な広大無辺性に由因している」、と知覚されるのである（注（67）参照。［　］内は引用者による補足）。そして、そのような〈神の汲み尽くせない広大無辺の力能言うなら本質〉のもとに、「神は作出原因を必要としないところの原因ないしは理由である」ということ、しかもそのような「原因ないし理由は積極的である」ということ、が知解される（注（69）参照）。〈神は自らとは別個の如何なる原因をももたず〉、かくて「或る意味で自己原因」である（注（66）参照）ということは、〈いわば自己が自己を保存する〉に際して、右にも述べた如く、被造物が神によって保存されるのと同じような作用によって〈自己を保存するというのではなくて、〈神がそのような保存者を必要としないことの原因ないし理由たる力能言うなら本質の広大無辺性が積極的な事物である〉、ということを意味した。つまり、「作出原因を必要としない」ということを消極的意味に解してはならぬ、ということが問題なのである。本来「存在」についてのみ問われるべき作出原因を「必要としない」ということが〈積極的意味〉で理解されねばならぬとすれば、そこには「存在」が文字通り〈特権的存在〉として予想されている、と言われねばならない。かくして、「力能」言うなら「本質」の「広大無辺性」は「本質」と「存在」との〈必然的結合〉を暗々裡に語っているのである。否、そればかりではない。デカルトは、「神」のことを「存在するために如何なる介助をもけっして必要としなかったし、そしてまた、今も保存されるためにそれを必要としない、かくて或る意味で自己原因であるといえるほど、それほど大いなる汲み尽くせない力能［言うなら本質］がそのうちに在るような或るもの」と規定して（注（66）参照。傍点及び［ ］内は引用者による補足）、〈自己の存在〉と〈自己の保存〉とを、〈神は作出原因を必要としないところの原因ないしは理由が積極的である〉ということのもとに、〈自己の本質〉のもとに帰属させているのである。かくして、「自己原因」なる概念のもとに、神の観念における〈本質と存在との権利上の結合〉が主題化されることになるのである。

デカルトはいきなり、『哲学原理』「第一部第十四節」の表題で、「神についてのわれわれの概念のなかに、必然的な存在が含まれていることから、神の存在することが正当に結論される、ということ」（*Prim., I, 14, AT, VIII-1, p. 10*）を語る。すなわち、「精神は自らのうちに在るさまざまな観念のなかに、このうえもなく叡知的で（intelligens）このうえもなく力能があり（potens）このうえもなく完全な存在者の観念が一つ在って、これはあらゆる観念よりもはるかに抜きんでた（praecipua）［その本質が広大無辺の］観念であることを考察するとき、この観念のうちに存在を認める、しかも、精神が判明に知覚するところの他の一切の観念の場合のように、ただ単に可能的で偶然的な存在（existentia possibilis & contingens）を認めるのではなく、まったく必然的で永遠的な存在（existentia necessaria & aeterna）を認めるのである」（*Prin., ibid.*［ ］内は引用者による補足）、と。要するに、神の観念とそれ以外の全ての判明な観念とのあいだでは、「必然的存在」と「可能的存在」言うなら「偶然的存在」との区別の入念な考察が要請されるというのである（*Prin., I, 15,* AT, VIII-1, p. 10）。「必然的存在」を「可能的存在」から入念に区別して、これを「神の観念」に帰属させるということ、言い換えるなら、〈神にあっては存在を本質から分離することができない〉ことを認識するということ、これが〈神の存在をア・プリオリに証明する〉ということに他ならない。そのような「必然的存在」を神に帰属させるべく、デカルトは「自己原因」の概念を援用する。すなわち、右の〈入念な区別〉によって、先ず「このうえもなく完全な存在者の観念」は「精神によって作出された」ものではなく、「何か空想的な」ものでもなく（なぜなら、空想的もしくは想像的なものは、一切の完全性の複合そのものの完全性に欠けているから）、「自らのうちに必然的存在が含まれているがゆえに存在せざるを得ないような、真にして不変の本性」を現示するものであることが知解されるのであって（*Prin., ibid*）、これは「自己原因」の一つの表現に他ならない。次いで、〈精神によって判明に知覚される他の事物の観念〉であるが、たとえば「このうえもなく完全な物体」の観念を考察してみると、その観念のうちにすら「存在」は「可能的な」かたちでしか含まれない、ということが知解される。すなわち、「このうえもなく完全な物体」の観念は、私の知性によってあらゆる物体の完全性を結び合わせることによって抱懐されるものであるが、「存在」はそれらの完全性について肯定することも否定することも等しく可能なのである[86]。言い換えれば、当の物体が〈存在するにせよ存在しないにせよ〉、その観念における一切の完全性の結合は抱懐され得るのである。それはあたかも、どれほど二直角に等しい内角の和とともにでなければ三角形を思惟することができないにせよ、あるいはどれほど平地とともにでなければ山を思惟することができないにせよ、当の三角形や山には「必然的存在」が属さない、ということと同然なのである。ところで、そのように、「このうえもなく完全な物体」の観念のうちにすら「存在」は「可能的な」かたちでしか帰属しない、ということは、「物体のうちには自己自身を産出する、言うなら保存する、ための如何なる力もないことを私が知覚する」、ということから結論される[87]。或る物体が〈自己自身に依って（per se）在る〉（3^{a}*M*, AT, VII, p. 44）ということは、単に〈他のものに依ってではなく在る〉ということを意味するにすぎないのであって、ただ消極的に〈原因無しに在る〉というにすぎない。物体が他の如何なる事物にも俟つことなく〈自己自身に依って在る〉という事態は、積極的に〈自らに由因して（a se）在る〉ということを語るものではなく、言うなら、当の物体を〈現時点において保存している〉原因を語るものではなく、却って、そのような如何なる原因も認知されないということを示すものにすぎない。物体が〈現に今在ることの原因を語る〉ということは、実は、当の物体を〈かつて産出した原因を尋ねて無際限に溯行する〉ということに他ならない。

そして、そのような〈無際限の溯行〉という事態は、当の物体が産出されるのを妨げるような何ものかのあり得ることを否定しえない、ということを示すものである[88]。かくして、物体の「存在」は唯ただ〈生成〉の相のもとでしか知解され得ぬがゆえに、「可能的存在」としか言われ得ぬのである。

たしかに、デカルトは「たとえば、三角形の観念のうちにその三つの角の和が二直角に等しいことが必然的に含まれている、ということを知覚することから、三角形は［その和が］二直角に等しい三つの角をもつ、ということをまったく確信するのと同様に、このうえもなく完全な存在者の観念のうちに、必然的で永遠的な存在が含まれている、ということを知覚することだけから、このうえもなく完全な存在者は存在する、とまさしく結論しなければならない」と述べて（*Prin., I, 14*. AT. VIII-1. p. 10.［　］内は引用者による補足）、数学的本質についての反省から神の必然的存在を導いていた。〈明晰判明な知覚の全ては必ずや神を創作者として有していて、かくて真である〉ということは、すでに論証されたところであり（*4ª M*, AT. VII, p. 62）、否、たとえ論証されていなかったとしても、〈コギト〉の現実の働きのもとでは、あの〈明証知の「一般的な規則」〉（3^a*M*, AT, VII, p. 35）は暫定的なものであるにせよ有効なのであったから、私が明晰判明に知覚するかぎりは、いずれにせよそのものに同意せざるを得ないというのが、私の精神の本性なのである。そうだとすれば、先立つ論証によって得られたところを考慮しなくても、「私においては、神の存在は数学的真理がこれまで有していたのと少なくとも同じ程度の確実性を有している」、と言われねばならぬ（5^a*M*, AT, VII, p. 65）のであろうか。否、そうではない。右に述べた「このうえもなく完全な物体」の観念についての考察でも明らかになったように、数学的本質にすら「存在」は「可能的な」かたちでしか帰属しないのであった。なぜというに、私は神以外の「他の全ての事物において、本質と存在とを区別することに慣れており、また、［現に］どこにも存在せず、［かつて］存在もしなかった事物の、さまざまな観念を恣意的に作為することにも慣れている」（*Prin.*, *I*, *16*, AT, VIII-1, p. 10. ［ ］内は引用者による補足）ために、〈神の存在〉もまた〈神の本質〉から切り離すことができるとみなして、「神は存在しつつあるなきもの（non existens）として思惟され得る」と容易に信じ込んでしまうからである（5^a*M*, AT, VII, p.

66)。とはいえ、「先入見から解放されて」(*Prim., ibid*)「このうえもなく完全な存在者の観想に専念」する(*Prim., ibid*, AT, VIII-1, p. 11)ならば(言うなら、神の本性を「いっそう注意深く考察する」ならば)、〈神の存在〉が〈神の本質〉から分離され得ぬことは、あたかも〈三角形の本質〉から〈その内角の和の二直角に等しいこと〉が分離され得ず、あるいは〈山の観念〉から〈平地の観念〉が分離され得ない、というのと〈或る意味で同然〉なのである。その意味で「存在を欠いている(すなわち、或る完全性を欠いている)神(すなわち、このうえもなく完全な存在者)を思惟することは、平地を欠いている山を思惟することと同じく、矛盾なのである」(5ᵉM, ibid)。

右に〈或る意味で同然〉と言ったのは、右の「矛盾」があくまでも比喩上のものであることは、上述のことから明らかである。当の「矛盾」は神に関しては絶対的であるが、山と平地に関しては絶対的ではなかった。私はもちろん平地なしに山を思惟することはできないのであるが、しかし、そのように私が山を平地とともに思惟するからといって、そのことから、何らかの山が世界のうちに在るということは帰結しなかったからである。私が神を〈存在しつつあるもの〉とともに思惟する、ということに関しても右と同じことが言えそうに一見思えるのであるが、そうではない。というのも、「私の思惟は事物に如何なる必然性をも課さない」（5^a*M*, ibid）からである。山と平地との〈不可分離性〉は、あくまでも〈私の思惟にとっての〉（言うなら、私の思惟が事物に課する）不可分離性にすぎないのに対して、〈神〉と〈存在しつつあるもの〉との不可分離性は、そのように〈私の思惟が事物に課する必然性〉などではなく、却って「事物そのものの必然性」なのであって、かくて「神の存在の必然性」が「存在しつつあるものとしてでなければ神を思惟することができない」ように私を決定するのである（5^a*M*, AT, VII, p. 67）。すなわち、翼のある馬を想像することも翼のない馬を想像することも私の自由になる（それは私の思惟によってもたらされる事態であるから）のとはちがって、「存在を欠いた神（すなわち、このうえもない完全性を欠いたこのうえもなく完全な存在者）」を思惟することは私の自由にならぬのである（5^a*M*, ibid）。

以上の如き省察から明らかなことは、神に関して如何なる証明の根拠を用いるにせよ、常に帰着するところは、「唯ただ私が明晰判明に知覚するもののみが私を全面的に納得せしめる」、ということである（5^a*M*, AT, VII, p. 68）。そのように明晰判明に知覚されるもののうち、或るものは自らにして識られるようにして誰にでも手軽にわかるのであるが、しかし、他のものはいっそう近くからの観察と入念な探査を介してでなければ発見することができない。しかしそれでも、発見されるに到ったのちは後者も前者に劣らず確実であるとみなされるのである（5^a*M*, ibid）。たとえば、直角三角において、底辺上の正方形は他の二辺上の正方形の和に等しいということは、その底辺がこの三角形の最大角に対しているということほどには、容易に明らかにならないけれども、しかし、前者もいったん知られたのちには後者に劣らず信じられる、といった如くにである（5^a*M*, AT, VII, pp. 68-69）。そうだとすれば、明晰判明に知覚され得るものは全て、現実的に意識され得るというかぎりでのみ、潜勢的に在り得るのだということになる。逆に言えば、知覚され得るものの全てが現実的に意識されねばならぬという必然性はないということである。知覚され得るものの全ては〈全体として同時に〉措定されるのであって、それゆえ、そのうちの或るものにひとたび気づくや、いわば必然的に気づいたかのように（つまり、この必然性は偶然性に裏打ちされているということである）思い起されるのであるが、しかしそうだからといって、それに気づかねばならぬという絶対的な必然性はない（このように、真理の〈認識〉が〈想起〉になぞらえられるのは、その〈権利上の先在性〉を語るものに他ならず、それが〈前以て認識されている〉ということを要求するものではないのである）[89]。そのような絶対的必然性を肯定するということは、潜勢的なものを全て枚挙していって、現実的なものの全体を構成する、という事態を語るものに他ならない。しかし、そのような事態のもとでは、〈現実的な全体〉は、それに無際限に近ずき得るとは言われても、けっして到達されることのないものである。それにもかかわらず、〈全体〉が到達されたものであるかのように敢えて語るならば、当の〈全体〉は明晰判明に知覚されていないものを受け入れる「偽なる措定」と言われねばならない。それはあたかも、〈全ての四辺形は円に内接する〉ということが必然的であると恣意的に措定することによって、〈菱形は円に内接する〉ということを必然的に認めねばならぬことになる不都合と同然である（5e M, AT, VII, pp. 67–68）。観念の相のもとで事物を恣意的に不当に結合し、かくてその「結び目の如きもの（velut nexus）」[90]を明晰判明に知覚しないという事態は、厳に斥けられねばならない。そのような不明瞭性・不分明性のもとでこそ、可能的存在にすぎぬもの（つまり、たとえば〈円に内接する全ての四辺形〉は〈菱形〉が存在するがゆえに可能的存在でしかない、かくて〈全ての四辺形〉は真に〈全ての〉とは言われ得ないからである）を必然的存在であるかに思いなし、その結果として真の意味での必然的存在を見誤る、という「詭弁」（5^{e}M, AT. VII, p. 68）が生まれるのである。必然的存在は、知覚され得るものの全てが全面的に（つまり、知覚されるもの同士の「結び目の如きもの」をも含めて）明晰判明であるような観念のもとでのみ、知解されうる。しかもその際、〈知覚される〉ということに〈或る意味での必然性〉（つまり、偶然性に裏打ちされた必然性、知覚されぬこともありつつあるものとして必然的に知覚されるということ）を伴うが、当の必然性は〈知覚されねばならぬという絶対的必然性〉を斥けるのである。別の言い方をするなら、〈存在〉は、存在論的には、あらゆる完全性を結びつけて完全性を単一化する「結び目の如きもの」である（つまり、無限者の〈或る意味での先なる知覚〉において常にすでに触れられていなければならぬ「結び目の如きもの」である）が、しかし、認識論的にはむしろ、諸々の完全性をその都度統合する「結び目の如きもの」として現われるのであって、いわば完全性が気づかれる度毎に肯定されるのである。そして、被造物としての有限者はそのように神の必然的〈存在〉にその都度与るようにして、自らの実在性が支持されるのである。かくして、有限者にあっては〈存在〉は〈本質〉（言うなら観念）から区別されて〈可能的〉なものでしかありえず、これに対して〈存在〉が〈必然的〉に帰属する「神の観念」こそは「私に生具する真なる観念の第一にして主要なもの」（5^a *M*, ibid）と言われ得るのである。

「神の観念」の以上の如き性格からして、もし私が先入見から解放されていて、感覚的事物の像によって私の思惟が占有されていなかったとすれば、神ほど容易に識られ得るものはないと言われねばならない（cf. *Prin.*, *ibid*, AT, VIII-1, p. 10）。その本質に存在が属するのは独り神のみであること、独り神のみに存在は必然的に帰属すること、このこと以上に自らにして識られ、このこと以上に明白なことはないのである（5^a *M*, AT, VII, p. 69）。ここで重要なことは、神の本性に必然的な存在が属するという事態についての明晰判明な知解は、あくまでも「神の何たるかを充分精密に探査したのち」に初めて可能であるということであり[91]、そのようにして「先入見から解放された人々」にとってのみ当の事態は「自らにして識られ得る[92]」ということである。そのためには、神の本性に関する「注意深い考察が必要だった」（5^{a}*M*, ibid）のであり、言うなら「このうえもなく完全な存在者［在りつつあるもの］の本性を観想することに長くかつ繰返し沈潜する」ことが要請されたのである[93]。このことは、神存在のア・プリオリな証明はそのア・ポステリオリな証明によって基礎づけられねばならぬ、ということを語るものである。神存在のア・プリオリな証明とは、そのア・ポステリオリな証明そのもののうちに開示される、神が「或る意味で自己原因」であることの〈認識〉である。〈証明〉とは〈認識〉（つまり、有限者の完全性を支持しつつ、無限者を権利上要請すること）であって、単なる〈想定〉（つまり、有限者の否定による無限者の措定）ではない。しかも、「自己原因」なる概念は通常の意味での「作出原因」の批判的分析を通して権利上立てられるものであるがゆえに、〈証明〉ないし〈認識〉の原理が神に先立つことを拒斥する。神は自らが存在することの原因ないし理由そのものを作出するようにして存在するのである。これが「自己原因」としての神存在の〈ア・プリオリな証明〉の意味するところであり、またここに、先述した〈永遠真理被造説〉が色濃く影を落しているのである。

4　神の存在証明と誤謬論

以上、われわれはデカルトが『省察』のなかで試みた神の存在証明を、「理由〔根拠、推理〕の秩序」に従いながら、先ず〈ア・ポステリオリな第一の証明〉次いで〈第二の証明〉そして最後に〈ア・プリオリな証明〉の順に論じてきたのであるが、『哲学原理』ではその順序が転倒されて、最初に〈ア・プリオリな証明〉（第十四節〜第十六節）がきて、そのあと〈ア・ポステリオリな第一の証明〉（第十七節〜第十九節）次いで〈第二の証明〉（第二十節〜第二十一節）と続いている。冒頭でも述べた如く、「論証法」のちがいと言えばそれまでであるが、その〈ちがい〉は如何なることを意味しているのであろうか。

デカルトは『ビュルマンとの対話』のなかで、『省察』では神の存在を証明する「論拠（argumentum）」を「見つけ出す道と順序（via et ordo inveniendi）」を示したのであるが、

『哲学原理』では当の「論拠」を「教える道と順序（via et ordo docendi）」を示したのであって、かくて『哲学原理』では「教えるのであり、綜合的に扱っている」、と述べている(94)。そうだとすれば、『哲学原理』において〈ア・プリオリな証明〉が最初に置かれるということは何ら〈権利上〉のこと、言うなら何ら〈特権的〉なこと、ではないということが明らかになる。〈ア・プリオリな証明〉は、『省察』のなかでのように、〈ア・ポステリオリな証明〉によって基礎づけられてこそ〈言うなら、〈結果〉としての〈事実〉をかいくぐって、それを通して〈権利〉として立てられてこそ〉、〈権利上〉のもの、〈特権的〉なものと言われ得るのである。具体的には、神の観念に「必然的存在」を帰属させること、言うなら、神における〈本質即存在〉という事態を認識すること、このことが〈結果による証明〉によって基礎づけられ開示されるのである。その意味で、〈ア・プリオリに証明される神〉は〈ア・ポステリオリな証明〉の根底にも存在し、いわば「第五省察」を先取りするかのように「第三省察」において暗々裡に語られている(95)。その事態が、すでに述べたように、「第四省察」において〈内発的同意の自由〉という概念のもとに主題化されたのであった。〈主題化される〉とは言っても、〈コギト〉の現実の働きのもとに、すなわち「私は厳密な意味で思惟しつつある事物である」という事態を担う〈時間の瞬間〉毎に、開示される〈知性と意志との絶対的一致〉の表明においてである。この〈表明〉は〈私の注意作用〉によって支持されたあの「一般的規則」（すなわち、「私がきわめて明晰にきわめて判明に知覚するものは全て真である」〔注（58）参照〕ということ）のもとで理解されるのであるが、当の「一般的規則」を支持しつつある〈時間の瞬間〉を〈持続〉によって担わせるべく、〈明証性の規則〉が「第四省察」において論証された（4^{a}*M*, AT, VII, p. 62)。すなわち、〈明晰判明な知覚の全ては必ずや神を創作者として有していて、かくて真である〉というものである。ところで、この〈明証性の規則〉は誤謬論の本質的基礎を成す「神は欺瞞者でない」ということの認識に依拠していた。したがって、ここに言う神（〈創作者としての神〉も〈欺瞞者でない神〉もともに）は、「第三省察」で論じられた〈ア・ポステリオリに証明された神〉のことである。たしかに、〈ア・プリオリに証明される神〉は「第四省察」においても主題化されはしたが、それは〈時間の瞬間毎に〉開示されるものにすぎなかったのであって、〈ア・プリオリな証明〉の本質的主題を成す

〈必然的存在と可能的存在との入念な区別〉を論じるものではなかった。「必然的存在」から入念に区別される「可能的存在」を如何に取り扱うか、言うなら〈その本質に存在が必然的には属さず、かくて本質と存在とが区別されるような事物を如何に把握すべきか〉、という問題は「第四省察」では主題化されず、その問題はむしろ、〈ア・プリオリに証明される神〉のもとに発現する〈内発的同意の自由〉の特権性との対比において、〈もっとも低い段階の自由〉としての〈「非決定」の自由〉の対象にかかわる領域として論じられた。したがって、この問題は、後述する如く、「第五省察」において「第四省察」の誤謬論を反省的に再論するかのように、〈明証性の規則〉を吟味し直しながら、取り扱われることになるのである。

一方、『哲学原理』に目を転じてみると、〈神の存在証明〉は一つの完結した体系の如くにまとめて論じられ、その結論ともいうべき部分が〈ア・プリオリな証明〉として〈ア・ポステリオリな証明〉から切り離されるようにして冒頭に置かれている。それゆえ、〈ア・プリオリな証明〉は〈結果〉(言うなら〈観念〉)についての入念な考察を通して、それをかいくぐるようにして立てられた〈権利上〉のものではなく、かくてまた〈特権的〉なものでもない。それはあたかも〈存在者は存在する〉といった類の、もしかすると「詭弁」とでもみなされかねない、同語反復的な単純な命題の表明である。デカルトが、「教える道と順序」に従った、と語る所以である。そればかりではない。〈ア・プリオリな証明〉にあっては、当然のことではあるが、いきなり「神の観念」が問題にされて、〈観念一般〉についての考察はそのあとに続く〈ア・ポステリオリな第一の証明〉に委ねられるのであるが、その〈観念一般についての考察〉を根本において担う〈コギト〉（すなわち、「私は厳密な意味で思惟しつつある事物である」ということ）が、その現実の働きにおいて支持されていないのである。たしかに、〈コギト〉は方法的懐疑の究極の相において発見された〈哲学の根本原理〉であった（*Prin.*, *I*, *7*, AT, VIII-1, pp. 6–7）が、しかしただ単に〈根本原理の表明〉ということだけに終っていて、そのあとは、「精神と物体との区別」が語られ（*Prin.*, *I*, *8*, AT, VIII-1, p. 7）、「思惟とは何であるか」という定義が提示され（*Prin.*, *I*, *9*, AT, VIII-1, pp. 7–8）、「きわめて単純であり自明であるものは論理学上の定義によって［却って］不明瞭にされる」ということが指摘され（*Prin.*, *I*, *10*, AT, VIII, p. 8.［　］内は引用者による補足）、「われわれの精神は物体よりも［明らかに］識られる」ということが注意され（*Prin.*, *I*, *11*, AT, VIII-1, pp. 8–9.）、「精神が全ての人に等しく知られていない」のは「彼らが精神を物体からけっして十分正確に区別しなかったからだ」ということが説明され（*Prin.*, *I*, *12*, AT, VIII-1, p. 9）、最後に、「如何なる意味で残りの事物［精神以外の事物］が神の認識に依存するか」ということ（つまり、われわれの精神のうちには数多くの観念が見出されるが、それを単に観想するだけに止め、それに似たものが外に存在するということを肯定も否定もしないかぎり、誤ることはあり得ないということ、また、共通概念の類の証明を演繹する前提となったものに注意を向けているかぎりは、その証明の真理性を確信するのであるが、われわれの精神はそのような注意作用を常に働かせることができない本性のものであるので、われわれの起源の作者である神を認識するまでは確実な知識はもち得ない、ということ）が述べられて（*Prin.*, *I*, *13*, AT, VIII-1, pp. 9–10.）終っている。要するに、〈コギト〉は〈ア・ポステリオリな証明〉において、したがってまた〈ア・プリオリな証明〉においても、時間の瞬間毎に発現するその〈現実の働き〉が何ら支持されることなく、かくて当の証明において有効に機能していない。〈ア・ポステリオリな証明〉も〈ア・プリオリな証明〉に後続して、ただ単に並置されているにすぎぬのである。したがって、誤謬論が、〈ア・ポステリオリな証明〉と〈ア・プリオリな証明〉との中間に挿入されて主題化される『省察』におけるのとは異なって、『哲学原理』においては当の誤謬論は或る種の変更を余儀なくされる。すなわち、誤謬論の本質的前提となる「神は欺瞞者でない」ということの認識における「神」は「第四省察」では〈ア・ポステリオリに証明された神〉のことであったのに対して、『哲学原理』におけるそれは、〈ア・プリオリに証明された神〉と〈ア・ポステリオリに証明された神〉とが区別されぬままのものとして、語られることになる。それというのも、『哲学原理』では「神は欺瞞者でない」ということの認識——言うなら、「ここで考察にのぼる神の第一の属性は、神がこのうえもなく誠実で（verax）あり、あらゆる光の付与者だということである」（*Prin., I, 29*, AT, VIII-1, p. 16）——が全ての〈神の存在証明〉のあとに置かれているからである。〈ア・プリオリな証明〉は〈「必然的存在」と「可能的存在」との入念な区別〉を中心に論ずるというかぎり、〈ア・ポステリオリな証明〉とは厳に区別されなければならない。この区別を主題化することなく論をすすめるとき、あの〈明証性の規則〉についての論じ方も変わってくる。当の規則は『哲学原理』では先ず、「神は欺瞞者でない」ということから「われわれが明晰に知覚するものは全て真である、ということが帰結し、先にあげられた諸々の懐疑が取り除かれる、ということ」として提示される（*Prin., I*, 30, AT, VIII-1, p. 16）。すなわち、「神からわれわれに与えられた認識能力」としての「自然の光」が、明晰判明に認識されるものを真でないとして捉えるようなことは、けっしてあり得ないということ（そうでないとすれば、神は欺瞞者（deceptor）であると言われねばならぬからである）、かくて「もしかして、われわれは自らにとってきわめて明証的にみえる事柄においてもまた思いちがいするような、そのような本性（natura）のものでなかったかどうか、わからなかったところから要求されたあの極端な懐疑（summa dubitatio）は取り除かれる」。それればかりか、以前に列挙された他の全ての懐疑理由も「この原理」（すなわち〈明証性の規則〉）によって容易に取り除かれる。すなわち、「数学的真理」はきわめて分明であるがゆえにわれわれにとって疑わしいものであってはならず、また「感覚においてあるいは覚醒においてであれ夢においてであれ」「何が明断であり判明であるかに注目して、それを混乱した不明瞭なものから区別するならば」、如何なるものにおいても何を真とすべきか容易に識別するであろう（*Prin.*, *I*, *30*, AT, VIII-1, pp. 16–17）、というわけである。〈明証性の規則〉は「原理」として誤謬論全体を貫いていて変更を受けることがない。たとえば、「われわれは十分に知覚されていない事柄について判断しないかぎり、誤ることはない」（*Prin.*, *I*, *33*, AT, VIII-1, p. 17）ということ、また「われわれは明晰に知覚するものの外にまで意志を及ぼす」ならば、間ちがいをするのも不思議ではない（*Prin.*, *I*, 35, AT, VIII-1, p. 18）ということ、そしてまた、「われわれが誤るのは、われわれの行為における欠陥であって、われわれの本性（natura）における欠陥ではない」（*Prin.*, *I*, 38, AT, VIII-1, p. 19）ということ、等々である。このように〈明証性の規則〉はわれわれの「本性」によって不動のものとして基礎づけられているのである。たしかに、この〈規則〉は「第四省察」の誤謬論においてもこの『哲学原理』におけるのと同じ仕方で論じられてはいた。しかし、「第四省察」のあとには「第五省察」がきて、〈神存在のア・プリオリな証明〉が展開されるのである。〈ア・プリオリに証明された神〉と〈ア・ポステリオリに証明された神〉とが区別されることなく、前提された〈欺瞞者でない神〉によって保証される『哲学原理』における〈明証性の規則〉は、その〈保証のされ方〉が、『省察』におけるのとは大きく異なっている。すなわち、先にも述べた如く、「必然的存在」から入念に区別された「可能的存在」の帰属する事物の認識に関しては、当の〈規則〉は吟味し直されるのである。そこでこの問題を以下に、『省察』に即して論じておこう。

　すでにみた如く、物体的事物の観念に関しては、「このうえもなく完全な物体」においてすら、その〈存在〉は〈可能的〉にしか含まれていなかった。物体に関しては、〈自らに由因して在る〉ということが、積極的に「自己原因」としては解されず、却って唯ただ消極的に「無原因」としてしか解され得ぬためであった。しかし、そのように〈存在〉から区別されて〈本質〉のみの相のもとでみられるとき、少なくとも純粋数学の対象となるような物体的本性に関しては、神の観念の場合と同じような構造が認められた。たとえば、私が何らかの三角形をいつか想像することは必然的であるというわけではないが、三つ角のみをもつ直線図形を考察しようとする度毎に、私はこの図形に、たとえその内角の和が二直角よりも大ではないということに未だ注意を向けているわけではないにせよ、そのことを正当に推論せしめるような性質を属せしめるべきことは必然的である。あるいはまた、直角三角形において、底辺上の正方形が他の二辺上の正方形の和に等しいということは、その底辺が最大角に対応するということほど容易には識られないにせよ、いったん識られるに到ったのちは、前者は後者に劣らず信じられるのである。このように、物体的事物の観念は「生得的」であって、自らに帰せられるべき一切の完全性を〈全体として同時に〉含んでいるのである。しかしそれでも、「存在」という完全性（言うなら、全体として同時に含まれる一切の完全性の結合の仕方の完全性）だけは必然的なかたちで含まれていない。それゆえ、物体的事物の観念において知覚され得るものの全てが全面的に明晰判明というわけではない。かくして、私はたしかに、〈私は明晰判明に知覚しつつあるかぎりではそれが真であると信じないではいられない〉という本性を有するのであるが、しかし、私が〈神〉（すなわち、〈ア・プリオリに証明された神〉を識らず、かくて「必然的存在」の何であるかを知解していないかぎり（つまり、全体として同時に含まれる一切の完全性の「結び目の如きもの」をも明晰判明に知覚していないかぎり）、私は明晰判明に知覚すべく同じ一つの事物に精神の眼を常に据え置く、ということができない本性のものでもある（5^{e}*M*, AT. VII, p. 69）。それゆえに、以前に下した判断の記憶がしばしば戻ってくるのであって、当の判断の根拠にもはや注意を向けない場合には、別の根拠がもち出されることになり、その根拠は、もし私が神（すなわち、「可能的存在」から入念に区別された「必然的存在」の帰属すべき神）を識らなかったならば、容易に先の私の意見を捨てさせるであろう。そのようにして、私は何ごとについても真にして確実な知識を有することはないであろう（5^{e}*M*, ibid）。（これはあくまでも「非決定」の状態であって、このようにたとえ「非決定」に陥っても、判断を下すことを差し控えるという〈「非決定」の自由〉を行使するかぎり、誤ることはないのである。）かくして、たとえば、私が三角形の本性を考察するという場合、その内角の和が二直角に等しいということが明らかとなり、その論証に注意しているかぎり、私はそのことを真であると信じないではいられないのであるが、しかし、精神の眼をその論証からそらした途端（それというのも、私は同じ一つの論証に精神の眼を常に据え置くことができないような本性のものでもあったから）、たとえ私がなおそのことを明断に洞察したことを如何に想起するとしても、私が神（すなわち、〈ア・プリオリに証明された〉、かくて「必然的存在」の帰属すべき神）を識らないとすれば、そのことの真偽について疑いを抱く（言うなら、「非決定」に陥る）ということが容易に生ずるのである（5^{a}*M*, AT, VII, pp. 69-70）。というのも、私はきわめて明証的に知覚すると思うものにおいてすら時として誤るような本性のものであるということを、とりわけ、〈私が真であり確実であるとみなしたもので、あとになって他の根拠によって偽であると判断し直すに到ったものが、数多くあったということを想起するときには〉、十分に納得することができるからである（5^{a}*M*, AT, VII, p. 70）。

右の如き立論のなかで注目すべきは、〈私は明晰判明に知覚しつつあるかぎりではそれが真であると信じないではいられない〉という本性と、〈私は明晰判明に知覚すべく同じ一つの事物に精神の眼を常に据え置くということができない〉という本性との、二つの本性が並置されている、という点である。このような事態は、〈私の知覚〉が〈等質的な時間の経過〉の相のもとで果される、ということを語るものである。〈本性〉の前者のもとでは、〈私は知覚しつつある〉という〈固有の瞬間〉が語られるべきであるにもかかわらず、却って、〈等質的に経過する時間の単なる先端〉が語られているにすぎない。したがって、〈本性〉の後者のもとでは、時間とは〈等質的に経過する、常にすでに過ぎ去った時間〉に他ならぬ、ということが語られているのである。したがってまた、そのような等質的な時間の経過のもとでは、或る判断の根拠に対しては別の根拠をもち出すことが常に可能である（かくして、判断に関して「非決定」に陥ることが常に可能である）。等質的な時間とは瞬間の固有性（つまり、固有の始めと終りを有すること）を奪われた時間に他ならぬからである。しかるに、もし〈コギトの現実の働きのもとにある私〉が神（言うまでもなく、〈ア・プリオリに証明された神〉）を識ったなら、言うなら、もし私が神の本性には「必然的存在」が属するということを明晰判明に知解したなら、さらに言うなら、もし私が神は「或る意味で自己原因」であるということと、かくて私は神の〈連続創造〉のもとに在るということを知解したなら、あの並置して語られた二つの〈私の本性〉はただ一つの本性として語り直されねばならない。すなわち、私は〈明晰判明に知覚すべく同じ一つの事物に精神の眼を常に据え置くことのできないものでありつつあるものとして、現実に明晰判明に知覚する〉ような本性のものである。そのかぎり、私が明晰判明に知覚しつつある瞬間瞬間は固有の瞬間となりうる。かくて、またそのかぎり、私は「神は欺瞞者でない」ことを知解し、そこから「私が明晰にかつ判明に知覚する全てのものは［必ずや神を創作者として有していて、かくて］必然的に真である」と論決することができる（5^aM, ibid.）。ここに、〈欺瞞者でない神〉も〈明証性の規則を保証する神〉も、〈ア・ポステリオリに証明された神〉と〈ア・プリオリに証明された神〉との結合として、〈同じ神〉のもとに語られることになる。この事態を「自由」に関して言い直すとすれば、〈「非決定」の自由は最低段階の自由ではあってもなお自由である、かくて内発的同意の自由は積極的に語られ得る〉ということ、逆に言えば、〈内発的同意の自由の発現のもとで「非決定」の自由が主題化される〉ということ、が明らかとなる。そうだとすれば（つまり、〈ア・プリオリに証明された神〉の存在を識っている今では）、私は、たとえそのこと（すなわち〈明証性の規則〉を論決した根拠にもはや注意を向けていないにしても、かつて明晰判明に洞察したということを想起しさえすれば、そのことを疑うべき如何なる反対の根拠をももち出すことができず、却って、私はそのことについての真にして確実な知識を有することになるのである（5ᵉM, ibid）。否、単にそればかりではない。「私がかつて論証したと記憶するところの他の全てのもの」についても（たとえば、幾何学上の真理やこれに類する事柄についても）、同じことが言われうる（5ᵉM, ibid）。私が明晰判明に知覚しつつある瞬間瞬間は固有の瞬間であったから、個々の記憶もまた各々に固有の時間を具えているのである。かくして、私は明晰判明に知解するものにおいては誤り得ないということを、繰返し述べねばならない（5ᵉM, ibid）。なおまた、私がかつて真であり確実であるとみなしたもので、あとになって偽であると気づくに到ったものが数多くあるではないか、と反論する者がいるなら、そのようなものは全て明晰判明に知覚したのではなく、却っておそらくは、右の〈明証性の規則〉を知らなかったために、錯誤によってそのように信じたのである、と答えねばならない（5ᵉM, ibid）。さらには、私は夢を見ているのだ、と反論する者がいるかもしれない。しかし、すでに明らかなように、私が神（すなわち〈ア・プリオリに証明された神〉）を識っているかぎり、言うなら、私が〈コギト〉の現実の働きのもとに在るかぎり、私が目覚めていようと眠って夢を見ていようと、「もし何らかのものが私の知性に明証的であるならば、このものはまったく真である」、と言われねばならぬのである（5^{e}*M*, AT, VII, pp. 70–71）。

ところで、「神は欺瞞者でない」ということから「私が明晰にかつ判明に知覚する全てのものは「必ずや神を創作者として有していて、かくて」必然的に真である」と論決されたとき、重要なことは、〈真なることの必然性〉は〈私にとって真であるということの必然性〉を意味するのであって、〈真なることを措定するということの必然性〉を意味するのではない、ということである。そのことによって、真理を措定することの〈自由〉が神に留保されるのであり、かくて必然性の前者は本質的に偶然性を容れ得るのである。（実際、私の本性は〈同じ一つの事物に精神の眼を常に据え置くことのできないものでありつつあるものとして、現実に明晰判明に知覚する〉が如きものであった。そのようにして、〈「非決定」の自由〉は〈内発的同意の自由〉の発現のもとに基礎づけられるものであった。）数学的本質が「生得観念」であるということは、それの有する必然性が神に依存しているということを意味した（注（79）参照）のであるが、当の本質が「不変にして永遠である」のは、唯ただ「神がそのように意志したがゆえに、そのように按配したがゆえに」のみなのである(96)。すでに述べた如く、神はその創造において如何なる原理にも服することなく、かくて事物の本質を課せられるということもなかった。もし課せられるというのであれば、そのことはまさに「神についてジュピテルかサチュルヌについての如く語り、神を三途の川や運命に服従させるもの」に他ならなかった（注(17)）。かくて、「神にあっては、意志すること、知解すること、創造することは、その一が他に観念的にすら先行することなく、一つである」、と言われねばならなかった（注(18)）。このいわゆる〈永遠真理被造説〉のもとに語られる、創造に際しての神における〈知性と意志との絶対的な一致〉は同じ神における〈本質と存在との絶対的な結合〉にかかわるがゆえに、「第五省察」において展開された〈神存在のア・プリオリな証明〉そのものの表現とみなすことができたのである（注(19)）。かくして、われわれにとって真理は常に〈受け入れられるもの〉であって、そのかぎりいわば〈永遠の〉真理である。〈存在〉を考慮することなく、唯ただ〈本質〉の相のもとでのみみられるかぎり、かくてたとえ夢のなかにおいてみられるのであるにしても、われわれの知性にとって明証的である一切のものは確実に真なのである。そして、そのように真理は永遠的な必然性のもとに明証的に捉えられるのであるにしても、しかし、物体的事物の〈本質〉からは〈必然的に存在を引き出す〉ことはできず、かくてその真理はわれわれの思惟の外部なる〈存在〉に対しては純粋な〈可能性〉に留まっている。物体的事物はその〈本質〉の相のもとでは〈存在し得る〉にせよ、それが直ちに〈現実的に存在する〉ということを意味するのではない。観念の相のもとで知解された事態を事物それ自体において妥当するとみなすこと、かくて〈私にとって真であることの必然性〉を〈真なることを措定するということの必然性〉にすり替えること、は厳に禁じられねばならない。物体的事物を構成する数学的本質は神の自由な創造に依拠するものとして、根源的に偶然的である。神における〈知性と意志との絶対的な一致〉は、われわれのうちなる数学的観念から存在をア・プリオリに論決するということを、禁ずるのである。言い換えるなら、われわれがその存在を捉える一切の事物はことごとく神の自由な創造に成るものであり、そのような創造に依拠しないような如何なる事物をも思惟することはできないのである。(97)

5　神の存在証明と自由

「必然的存在」から入念に区別された「可能的存在」の帰すべき事物、言うなら、それの本質と存在とが区別されるような事物、にかかわる認識と誤謬の問題は右の如きものであった。「第四省察」にあっては、〈欺瞞者でない神〉、かくて〈明証性の規則を保証する神〉は、「第三省察」において〈ア・ポステリオリに証明された神〉のことであった。そのために、「第四省察」では、〈ア・ポステリオリな証明において暗々裡に語られた〉、言うなら〈時間の瞬間毎に、いわば特権的に開示された〉、〈ア・プリオリに証明される神〉のもとに発現する、〈内発的同意の自由〉の強調との対比において、〈最低段階の自由〉としての〈「非決定」の自由〉が消極的に語られることになった。しかし、そのように〈消極的に語られている〉とはいえ、「自由」が語られているかぎり、あの〈明証性の規則〉にこめられた〈明晰判明に知覚しつつあるかぎりではそれが真であると信じないではいられないような私の本性〉は保証されたのである。しかるに「第五省察」では、「必然的存在」と「可能的存在」との入念な区別のもとに〈ア・プリオリに証明された神〉が語られるや、「可能的存在」にかかわる〈明晰判明に知覚すべく同じ一つの事物に精神の眼を常に据え置くということができないような私の本性〉のもう一つの側面が主題化されるとともに、それと同時に、この本性が先に述べた〈〈明証性の規則〉にこめられた〉私の本性と綜合されて、〈私の本性〉の二つの側面はただ一つの本性として語り直された。すなわち、〈私は明晰判明に知覚すべく同じ一つの事物に精神の眼を常に据え置くことのできないものでありつつあるものとして、現実に明晰判明に知覚するような本性のもの〉であった。かくして、「第四省察」では消極的にしか論じられなかった〈「非決定」の自由〉が、〈ア・プリオリに証明された神〉のもとで積極的なかたちで主題化されたのである。ここに、「神は欺瞞者でない」ということの認識には何らの変更も加えられてはいないが、〈明証性の規則〉の保証の仕方には大きな変更が認められるのである。

しかるに、『哲学原理』にあっては、問題の〈明証性の規則〉はその誤謬論を通して一貫して保証されていた。それは〈ア・プリオリに証明された神〉が〈ア・ポステリオリに証明された神〉とただ単に並置されているだけで、その〈権利上の特権性〉が主題化されていないためであった。そのため、〈ア・プリオリに証明された神〉と〈ア・ポステリオリに証明された神〉との区別が明確になされず、却って両者が混同される懼れすらあるほどである。〈ア・プリオリに証明された神〉が特権的なものでない以上、『哲学原理』の誤謬論は〈ア・ポステリオリに証明された神〉に依拠するだけで説明がつく、と言われ得る。（たしかに、「第四省察」の誤謬論も〈ア・ポステリオリに証明された神〉のみに依拠しているが、しかし、そこでは同時に〈特権的なかたちで〉〈ア・プリオリに証明された神〉が語られていたのであった。）したがって、〈自由〉の問題に関しても、専ら〈「非決定」の自由〉が語られるだけで、〈内発的同意の自由〉は、たとえ話題にはなっても、〈「非決定」の自由〉とただ単に並置して語られるだけである。

この問題を先ず誤謬論に関して検討してゆこう。誤謬論が〈ア・ポステリオリに証明された神に依拠するだけで説明がつく〉と右に述べたのは、知性と意志とが常に区別して語られているのであって、〈知性即意志〉という事態はといえば〈神〉に関して一箇所だけで、しかも誤謬論以前に、認められるにすぎぬからである。序でながら指摘しておくと、その〈一箇所だけで〉というのは「二十三節」のことである。すなわち、そこでは「神は物体的なものではなく、われわれのように感覚することもなく、罪の悪を意志することもない」(*Prin., I, 23*, AT, VIII-1, p. 13) ということが神の一般的特性として述べられたあと、最後に、「神は唯ただ知解し意志するとのみ考えられるべきである。しかも神は、われわれのように、いわば区別された作用によってそうするのではなく、唯一つの、常に同一で、もっとも単純な能動 (actio) によって、一切を同時に知解し、意志し、かつ遂行する (intelligere, velle & operari) のである。ここで〈一切〉と言うのは、すなわち一切の事物のことであって、罪の悪は [在りつつある] 事物ではないから、神はこれを意志しないのである」(*Prin., ibid*, AT, VIII-1, p. 14. [ ] 内は引用者による補足)、という説明が付加され、神における〈知性即意志〉という事態が主題化されている。これはいわゆる〈永遠真理被造説〉の一つの表現であるが、当の理説はここでは〈神存在のア・プリオリな証明〉との有機的な結びつきをまったく欠いている。誤謬論に関して言えば、神における〈知性即意志〉という事態との対比のもとで、われわれにおける〈知性と意志との区別〉が明らかにされるのであって、却ってそのことは、〈誤謬論はア・ポステリオリに証明された神に依拠するだけで説明がつく〉という問題に、われわれを差し向けるのである。そこでこの問題の検討に戻ることにしよう。

先ず「三十一節」では、「われわれの誤謬は、神に関係づけられるならば、唯ただ否定であるにすぎないが、われわれに関係づけられるならば、欠如である」（*Prim., I, 31*, AT, VIII-1, p. 17）ということが語られる。すでに述べた如く、「否定」とは〈人間は神でない〉という事態であるが、これに対して「欠如」とは〈われわれのうちには神の実在的で積極的な観念が見出されながらも、われわれのうちに在らねばならなかった認識の欠失〉という事態であって、その意味で「欠如」はわれわれ人間から出来する作用そのものに内在するという、人間に積極的にかかわる規定である。そこには専ら人間の知性が意志から区別されて問題にされている。しかし、このように誤謬が人間に「関係づけられる」という側面からみるのではなく、誤謬が何に「依存する」かを考察するならば、「誤謬は知性よりもむしろ(non tam……quam) 意志に依存する」(*Prim., ibid.* 傍点は引用者の付したもの)。(ここでデカルトが「よりもむしろ」と述べるのは「質料的虚偽」[3^a*M*, AT, VII, p. 43] のことを念頭に置いているからである。すなわち、私が観念を私の外の如何なる事物にも関係づけないとしても、「私は観念の本性そのものにおいて誤ることがあり得る」のである)[98]。いずれにしても、知性と意志とは区別されている。そして「三十二節」では「われわれのうちにある思惟様態はただ二つである。すなわち、知性の知覚と意志の活動とである」(*Prim., I*, 32, AT, VIII-1, p. 17) と述べて、当の区別が決定的となる。そうだとすれば、「十分に知覚されていない事柄について判断を下さないかぎり、われわれは誤ることがない」(*Prim., I*, 33, AT, VIII-1, p. 17)、ということを論決することができる。なぜなら、「われわれはまったく知覚しない事柄については、何も判断することはできないから」(言うなら、意志の決定に常に知性の知覚が先行しなければならぬ、ということは自然の光によって明らかである [4^a*M*, AT, VII, p. 60] から)、判断するためには言うまでもなく知性が必要ではあるが、しかし何らかの仕方で知覚された事柄に同意を与えるためには意志もまた必要だからである（*Prin., I*, 34, AT, VIII-1, p. 18）。それゆえ、「意志は知性よりも広い範囲に及ぶ、ということのうちに誤謬の原因がある」（*Prin., I*, 35, AT, VIII-1, p. 18）、ということになる。たしかに、知性は「有限」であって、有限であるということは「被造知性の根拠」に属するのであり、また全てのものに及ばぬということは「有限知性の根拠」に属するのであって、神がわれわれに「全知の知性」を与えなかったからといって、「われわれの誤謬の責任を神に負わせることはできない」（*Prin., I*, 36, AT, VIII-1, p. 18）。しかるに、「意志がきわめて広い範囲に及ぶということ、これもまた、意志の本性に合致することである」（*Prin., I*, 37, AT, VIII-1, p. 18）。知性が「有限」であるのに対して、意志は「或る意味で無限」であると言われ得るのであって、「[われわれ人間以外の]何か別の意志や、あるいは神のうちに在る広大無辺の意志、の対象になり得るもので、われわれの意志もまたそこに及んでいないようなものは、まったく何一つ認められないからである。それゆえに（adeo）、われわれは容易に、明晰に知覚するものの外にまで、意志を及ぼすのであって、もしこのようなことをするならば、われわれがまちがいをするのも何ら不思議ではない」

（*Prim., I*, 35, AT, VIII-1, p. 18.）。

もっとも、このような〈意志の無限性〉には、「第四省察」でのそれと矛盾するところがある。「第四省察」では、〈意志の働きが及ぶ対象の広大無辺性という観点よりすれば、私の意志は神の意志の比ではない〉（*4ªM*, AT, VII, p. 57）、ということが語られていた。〈厳密に形相的にみられた意志〉とは異なり、意志が〈知性との絶対的一致〉といういわば特権的な相のもとに眺められるのではなく、〈知性と分離して単独に〉眺められるのであって、そのことは「意志の決定に常に知性の知覚が先行しなければならぬ」という事態に依拠するものであった。しかるに、右に引用した「三十五節」では、「神のうちに在る広大無辺の意志の対象になり得るもので、われわれの意志もまたそこに及んでいないようなものは、まったく何一つ認められない」と述べられて、〈厳密に形相的にみられた意志〉、〈知性との絶対的一致といういわば特権的な相のもとに眺められた意志〉が語られている。「意志の決定に常に知性の知覚が先行しなければならぬ」という事態は、〈ア・プリオリに証明された神〉の相のもとで、特権的に、排除されているのである。それにもかかわらず、問題の「三十五節」

では、「それゆえに、われわれは容易に、明晰に知覚するものの外にまで、意志を及ぼす」と締め括られていて、再び「意志の決定に常に知性の知覚が先行しなければならぬ」という事態を引き入れている。そこには明らかに混乱が認められる。その混乱の原因は言うまでもなく、〈ア・プリオリに証明された神〉と〈ア・ポステリオリに証明された神〉が「教える道と順序」に従って並置され混同されていることにある。この〈意志の無限性〉の特権的な性格は「三十七節」の記述にも影を落としている。すなわち、「人間が意志によって、すなわち自由に行為し、かくて或る特殊の意味では自分の行為の作者であり、またこの行為によって賞賛に値する、ということは、人間におけるいわばこのうえもない完全性なのである（*Prin.*, *I*, 37, AT, VIII-1, p. 18. 傍点は引用者の付したもの）、と。ここに言う「或る特殊の意味では自分の行為の作者」であるということとは、「第四省察」のなかで、〈厳密に形相的にみられた意志のもとには「神の或る像と似姿」が認められる〉（$4^{a}M$, ibid）、と述べられていたことに対応する。このような事態はあくまでも〈ア・プリオリに証明された神〉のもとで理解されるべきなのである。

話を元に戻そう。右に指摘した如く、〈意志の無限性〉に関して混乱が認められはしたが、意志が無限であることには変わりはない。「意志の決定に常に知性の知覚が先行しなければならぬことは、自然の光によって明瞭であって」（*4ªM*, AT, VII, pp. 59–60）、知性は「有限」であり意志は「無限」であることに変わりはない。そうだとすれば、われわれが誤謬に陥るのは「われわれの行為における欠陥、言うなら自由の使用における欠陥」であって「われわれの本性における欠陥」ではないということになる。正しい判断をするにせよ、まちがった判断をするにせよ、「われわれの本性は同一のまま」だからである（*Prim., I*, 38, AT, VIII–1, p. 19）。かくして、あの〈明証性の規則〉にこめられた〈明晰判明に知覚しつつあるかぎりではそれが真であると信じないではいられないようなわれわれの本性〉は、『哲学原理』では誤謬論を貫いて保証されているのである。かくしてまた、〈神ならば、われわれが絶対に誤らないようにすべく、われわれの知性に多大の明察を賦与することもできたはずだ〉と言って、それを神に要求してもならない（*Prim., ibid*）。なぜなら、〈われわれは誤ることがない〉という予め意図された事態を想定するなら、われわれは〈誤る〉ことにおいていわば

〈自らの自然（本性）を逸脱している〉ということになろうが、そのように意図された事態とは、〈われわれは誤る〉という事実にとっては単に外面的な規定にすぎない。つまり、〈われわれは誤る〉ということは、〈われわれは誤らない〉ということに矛盾する事態として、常に排除されるべきものとされるのみであって、〈何故われわれは誤るのか〉ということを明かすべき契機となるものではないのである。実は、すでに「第四省察」の考察においても述べたことではあるが、〈われわれは誤る〉という事態は〈われわれは誤らない〉という事態と同じように〈自然（本性）的〉なのであって（つまり、われわれは「神と無との中間者」として位置づけられている［4^{a}M, AT, VII, p. 54］のであって）、われわれにとっては単に外面的な規定にすぎぬのではなく、何がしかの真理を有しているのである。〈常に誤らない者〉として創造されているかぎり、われわれは現に在るよりいっそう完全であったろうが、しかし、そのことは〈神がわれわれをそのように創造すべく決定されている〉という意味で、〈神の自由〉に反し、かくて〈神の完全性〉に反している。言い換えるなら、〈われわれは誤らない〉という事態の必然性を絶対化するならば（つまり、〈われわれは誤る〉ということが〈われわれは誤らない〉ということに矛盾する事態として、常に排除されるべきものとされるならば）、当の事態を措定すること自体も必然的だということになる。もし〈神の自由〉を真実支持しようとするのであれば、〈われわれは誤らない〉という事態を必然的なものとして措定することと、そのように措定すること自体の必然性とは、あくまでも区別されねばならない。そのような〈措定自体の自由〉が確保されることによって初めて、〈われわれは誤らない〉という事態が絶対的ともみえる必然性を以て迫ってきても、なお〈われわれは誤る〉という事態を容れ得るのである。言うなら、〈われわれは誤ることもありつつあり得るものとして誤らない〉ということが重要なのである。「神はわれわれがけっしてまちがわないように為し得たはずだからといって、神がわれわれの誤謬の原因である、などとみなされるべきではない。なぜなら、或る人間が他の人間に対してもつ支配力（potestas）は、他の人間を悪から引き戻すために使用する狙いで設定されているが、しかるに、神が一切に対して有する支配力はこのうえもなく絶対的であり自由なのである」（*Prin., ibid*）。このように、〈人間の支配力〉と〈神の支配力〉とが比較して語られるようにして、われわれ人間の側における〈「非決定」

の自由〉と神の側における〈内発的同意の自由〉とが同じ平面で主題化されている。すなわち一方では、〈われわれは誤ることもありつつあり得るものとして誤らない〉という事態に要約される〈「非決定」の自由〉が主題化され、他方では、〈神の支配力の絶対的な自由〉のもとに〈為さぬこともできつつあるものとして為すという、神の知性による自覚的決定〉を意味するものとして、〈内発的同意の自由〉の常なる発現が主題化されている。そのかぎり、〈内発的同意の自由〉の発現は、〈ア・プリオリに証明された神〉にかかわるものであるにせよ、その〈神〉は〈ア・ポステリオリに証明された神〉と単に並記された神であるにすぎぬために、〈「非決定」の自由〉は〈ア・ポステリオリに証明された神〉のみによって説明のつく事態だと言われ得る。「三十八節」の冒頭で、われわれの誤謬は「行為における欠陥」に由るのであって「本性における欠陥」に由るのではない、ということが述べられたところからも明らかな如く、〈明証性の規則〉によって保証された〈われわれの本性〉が誤謬論を貫いている、とわれわれが指摘した所以である。その意味で、「三十八節」前半における〈人間の自由〉と後半における〈神の自由〉との並記は、神存在の〈ア・ポステリオリな証明〉と〈ア・プリオリな証明〉との並記（言うなら、有機的連関の欠落）の反映であると思われる。いずれにせよ、『哲学原理』の誤謬論は〈ア・ポステリオリに証明された神〉に依拠するだけで説明がつく、と言われ得るのである。

次にそして最後に「自由」の問題に移ろう。デカルトは先ず、「意志決定の自由（libertas arbitrii）は自明のことである」として、〈「非決定」の自由〉を〈公理〉として明言する。すなわち、「われわれの意志には自由があり、われわれが多くのことに任意に同意することも同意しないこともできるということは、明白であって、このことはわれわれに生得的である最初のもっとも共通的な概念のうちに数えられるべきである。そして、このことがもっともあらわになったのは、少し前に、われわれが一切について疑おうと努め、或るきわめて有能な、われわれの起源の創始者が、あらゆる仕方でわれわれを欺こうと努力しているのだと、想定するまでに到ったときであった。というのは、それにもかかわらずわれわれは、まったく確実ではなく究明し尽くされてはいないものについては、信ずるのを差し控え得るという自由が、われわれのうちに在ることを経験したからである。そして、そのとき［つまり、それほどまでに疑いを逞ましゅうしたときにも」疑いなく思われたこと以上に、自明かつ判然たることは、何らあり得ないのである」（*Prin.*, *I*, 39, AT, VIII-1, pp. 19-20.［　］内は引用者による補足）、と。このように、神の存在が証明される以前の段階では、〈「非決定」の自由〉は〈懐疑する自由〉のいわば本質を成していた。すなわち、われわれはきわめて大なる明証を前にするとき、「実際的に言えば」それと反対方向に向かうことはほとんどできないが、「絶対的に言えば」それが可能なのである。実際、そうすることによってわれわれの「意志決定の自由」を確証することが善であると考えるのであれば、明晰に知られた善を追求したり明証的な真理を受け入れたりするのを、差し控えることは常に可能なのである（注（28）参照）。そうだとすれば、神の存在が証明された以後の段階では事情はどうであろうか。デカルトは次のような「困難」を述べる。すなわち、「しかしながら、今は、われわれは神を識り、神のうちに広大無辺の支配力が在ることを知覚するに到ったのであって、かくて、何か前以て神によって予定されていなかったことを、われわれが為し得ることもあるなどと考えるのは、冒瀆であると思われるほどである。それゆえ、この神の予定（praeordinatio）をわれわれの意志決定の自由と調和させ、両者を同時に包括的に把握し（comprehendere）ようと企てるならば、われわれは容易に大きな困難（difficultas）に巻きこまれることもあり得るわけである」（*Prim., I, 40,* AT, VIII-1, p. 20）、と。このような「困難」の由因するところは、〈神の主知主義的な概念〉を想定することにある。善の原理に服従するようにして自らの知性を働かして決定する「神の予定」は、〈われわれは誤らない〉ことの必然性をも決定する。〈われわれは誤らない〉という事態を必然的なものとして措定することが、そのように措定すること自体の必然性を意味するのである。〈われわれは誤らない〉ということの、かくて〈われわれの完全性〉の、必然性を絶対化するならば、そのような完全性の〈在るべからざる否定〉としての〈われわれは誤る〉という事態は、最完全者たる神の存在をア・プリオリに措定する〈証明する〉ではない）ことになろう。なぜなら、〈われわれは誤る〉という事態が〈われわれは誤らない〉という事態に矛盾する、かくて排除されるべき、事態であるということによって、右にも述べた如く、〈われわれは誤らない〉という事態の必然性が当の事態を措定すること自体の必然性と一体を成すからである。神の完全であることをア・プリオりに措定するということは、〈神の欺瞞者でない〉ことを説明するための手続きとして、われわれ人間の側の誤謬を要請するのである。つまり、〈われわれは誤らない〉という事態を必然化したうえで、〈われわれは誤ることもあり得た〉という可態的事態を、〈矛盾する事態〉として、いわば付加することによって、われわれ人間の存在の偶然性を語るという次第である。かくして、神における独り知性の〈絶対的決定性〉なる完全性のみが語られるならば、「神の予定をわれわれの意志決定の自由と調和させる」ことには「大きな困難」が見出されざるを得ないのである。

ところが、「われわれの精神は有限である」のに対して「神の力能（potentia）は無限」であって、「神はその力能によって、現に在るところの全てのもの、並びに、在り得る全てのものを、ただ単に永遠このかた予知していたばかりでなく、意志しかつ予定もしていたのである」（*Prim.*, *I*, *41*, AT, VIII-1, p. 20）。神にあっては、知性における決定と意志における非決定とは一つの同じ事柄なのである。神は常に〈為さぬこともできつつあるものとして為す〉のであって、神の知性による決定は常に〈自覚的〉なものであるということ、かくて

「非決定」は「神の全能のこのうえもない証拠」とされた（注（16）（29）参照）のである。かくして、〈われわれは誤らない〉という事態を必然的なものとして措定することが、そのように措定すること自体の必然性を意味しない、ということが明らかになる。つまり、神は如何なる原理にも服さないことによって、自らの「自由」を確保するとともに、他方、〈われわれは誤らない〉という事態の必然性は根源的な偶然性に裏打ちされることになる。言うなら、〈われわれは、誤ることもありつつあり得るものとして、誤らない〉のである。ここに、われわれは〈ア・プリオリに証明された神〉をみるとともに、その神において発現する〈内発的同意の自由〉（つまり、知性における決定と意志における非決定とは一つの同じ事柄であるということ、さらに言うなら、知性による決定は常に自覚的なものであるということ）によって基礎づけられた〈「非決定」の自由〉、言うなら〈為すあるいは為さぬことができる〉という事態としての〈「非決定」の自由〉、を認めることができる。〈為すことも為さぬこともできる〉という事態ではない。そのような事態は、先にも少し触れた如く、行為の働きを対象という仕方で限定するものであって、つまり行為を対象化してその働きを働きそのものの外側から眺めることであって、そのかぎり「非決定」と称される事態は「自由のもっとも低い段階」をすら斥ける〈反自由〉と言われるべきである。たしかに、「意志の決定に常に知性の知覚が先行しなければならぬ」のであり、かくて意志の働きが対象という仕方で限定されざるを得ないのであり、かくてまた意志と知性とが分離された相のもとで眺められねばならぬのであるかぎり、「非決定」という事態は不可避なことである。しかし、われわれが「非決定」に陥ったとしても、否、「非決定」に陥ったがゆえに、判断を下すことを差し控えるならば、〈われわれは誤らない〉のであって、「非決定」は〈「非決定」の自由〉に留まり得るのである。

ところで、〈われわれは誤まることもありつつあり得るものとして誤らない〉という事態として表現されたこの〈「非決定」の自由〉は、先に少し述べた如く、〈明証性の規則〉によって保証された〈われわれの本性〉に依拠して理解されるものであった。言い換えるなら、〈われわれが誤る〉のは「われわれの本性における欠陥」ではなくて、「われわれの行為における、言うなら自由の使用における欠陥」であった。そうだとすれば、この「四十一節」

に援用される神は、〈明晰判明な知覚の全ては必ずや神を創作者として有していて、かくて真である〉と言われるときの神、つまり〈ア・ポステリオリに証明された神〉に他ならぬ、ということになる。しかし、このことは右に述べたことと矛盾している。なぜなら、〈知性における決定は意志における非決定と一つの同じ事柄である〉という事態（つまり〈内発的同意の自由〉の発現）は、〈われわれは誤ることもありつつあり得るものとして誤らない〉、すなわち〈われわれは為すあるいは為さぬことができる〉、という事態（つまり〈「非決定」の自由〉の行使）を基礎づけるとき、ただ単に〈われわれの行為、言うなら自由の使用〉にのみかかわるのではなく、「われわれの本性」にまで深くかかわっていたからである。すなわち、〈われわれは明晰判明に知覚しつつあるかぎりではそれが真であると信じないではいられない〉という本性と〈われわれは明晰判明に知覚すべく同じ一つの事物に精神の眼を常に据え置くことができない〉という本性との、〈並置された二つの本性〉が、〈ア・プリオリに証明された神〉のもとで（言うなら、「必然的存在」と「可能的存在」との入念な区別の相のもとで）、〈われわれは明晰判明に知覚すべく同じ一つの事物に精神の眼を常に据え置くことのできないものでありつつあるものとして、現実に明晰判明に知覚する〉ような本性のものであるとして、〈ただ一つの本性〉として綜合されたのであった。「四十一節」の前半の神概念にあっては、この〈われわれの本性〉の変更が、言及されてはいないにせよ、含意されていた。しかるに、「四十一節」の後半での当の神概念の説明には微妙な変化が認められるのである。すなわち、「われわれはその無限の力能が神のうちに在ることを明晰判明に知覚するに十分なほどには、当の能力に触れている（attingere）のであるけれども、如何にして人間の自由な行為が不決定のままに（indeterminata）残されるのかを、認めるほどではない」（*Prin., ibid.* 傍点は引用者の付したもの）と述べて、無限の神の力能に「触れる」と説明している。すでに〈作出原因の考察〉において繰返し明らかにした如く、「究極的原因」言うなら「第一原因」としての神に到達するということは、原因の系列の溯行を停止し得るということ、原因の継起から自由になるということ、を意味した。作出的原因性は原因と結果とを〈いわば同時的に存立する〉もの（つまり、〈産みつつある原因〉と〈産まれつつある結果〉との綜合）として捉えるところにその特質があった。ところで、私は〈思惟しつつあるかぎりにおいてのみ存在する〉のであったから、現に今私を保存している原因こそが問題であった。「思惟しつつある事物」であるというかぎりでの〈私〉の原因を問うということは、〈自らに由因して在る〉ような存在者［在りつつあるもの］を尋ねることに他ならなかった。そのようにして、ついには「神であろうところの究極的な原因（causa ultima quae erit Deus）」（3^a *M.* AT, VII, p. 50. 傍点は引用者の付したもの）に到達するのであった。無限者が真実支持されるためには、有限者を支持しつつこれを超越するのでなければならない。そのようにして、有限者は自らとは次元を異にする無限者に常にすでに触れているのである。かくして、「四十一節」の前半での神概念は〈ア・プリオリに証明された神〉を語っているのに対して、後半での神概念は〈ア・ポステリオリに〉説明されているのであって、ここにもまた、〈ア・プリオリに証明された神〉と〈ア・ポステリオリに証明された神〉との、「論証法」に起因する混同が認められるのである。〈常にすでに触れられている〉この無限者は〈ア・ポステリオリに証明された神〉である。〈神存在のア・ポステリオリな証明〉では、「必然的存在」と「可能的存在」との入念な区別は未だ果されておらず、かくて〈「非決定」

の自由〉も未だ主題化されていない。〈主題化されていない〉という意味は、「第四省察」における如く、〈内発的同意の自由〉との対比のうえで消極的に取り扱われる、ということではなくて、神存在の証明以後もそれ以前（「三十九節」）と同じく〈自明〉のものとして取り扱われる、ということである。デカルトは「四十一節」で先の引用に続けて次のように語って締め括っている。すなわち、「われわれのうちに在る自由並びに非決定については、それ以上明証的にかつ完全に包括的に把握するものは何もないほど、それほどわれわれには意識されているのである。というのも、その本性上われわれには包括的に把握することができないにちがいないと知っている一つの事柄［神が人間の意志を不決定のままに残している理由］を、われわれが包括的に把握しないからといって、われわれが心内で包括的に把握し、かつまたわれわれ自身のうちに経験する他の事柄［人間が〈「非決定」の自由〉を有するという事実］を疑うとしたら、不合理だろうからである」(*Prin., ibid.*)、と。

かくして、〈「非決定」の自由〉は、〈神存在のア・ポステリオリな証明〉の相のもとで、〈われわれの本性〉に変更を加えることなく（言うなら、「可能的存在」の帰せられるべき事物の

〈本質〉についての吟味を何ら経ることなく〉、〈明証性の規則〉によって保証され支持される。そして、われわれは〈誤ることもありつつあり得るものとして誤らない〉のであるかぎり、「如何にしてわれわれはまちがいを欲しないのに、われわれの意志によってまちがいを犯すのか（*Prin., I, 42*, AT, VIII-1, pp. 20–21）、ということが明らかになる。〈われわれがまちがえる〉のは「われわれの本性における欠陥」に由るのではなく、「われわれの行為における、言うなら自由の使用における、欠陥」に由るのであったからである。実際、「わざとまちがえようと欲する」人はいないとはいえ、「誤りが見出されるかもしれぬ事柄に同意しようと欲する」人はいるのである（*Prin., ibid*, AT, VIII-1, p. 21）。否、それどころか、真理追求の欲求そのものが、当の欲求を如何に導くべきかを知らぬ人をして、自らのよく知覚しない事柄について判断を下させ、かくて誤りに陥らせる、ということもしばしばである（*Prin., ibid*）。これはひとえに〈われわれが意志決定の自由を善用すべきときに善用しない〉という一事に起因するのである。逆に言えば、「ただ明晰判明に知覚されたものだけに同意する場合には、われわれは間ちがうことがない」のであって、それというのも、「神は欺瞞者でない」からであり、「われわれに与えられた知覚能力が偽に向かうことはあり得ない」し、また「同意の能力も、明晰に知覚するもののみに及ぶかぎり」、同様だからである（*Prin., I, 43*, AT, VIII-1, p. 21）。このことは「全ての人の心に生まれながらにして刻み込まれ（a natura impressum）ている」（*Prin., ibid*）のであって、〈われわれの本性〉であるとも言える事態である。それゆえ、「われわれは何かを明晰に知覚する度毎に、自発的にこれに同意し、けっしてこれが真であることを疑い得ないほどなのである（*Prin., ibid*）。したがって、「われわれに知覚されていないと自ら気づいているものに同意するなどということは、きわめてまれにしか起らない（*Prin., I, 44*, AT, VIII-1, p. 21）。「われわれが明晰に知覚されていないものに同意する場合には、たとえ偶然に真理に出会うことがあろうとも、常に間ちがった判断をしている」のであって、それというのも、「認識された事物についてでなければけっして判断すべきでないと、自然の光がわれわれに教えている」（*Prin., ibid*）からである。〈われわれが誤るのはわれわれの本性における欠陥ではない〉かぎり、意志決定の自由は正しく行使されるのである。

四　おわりに

誤謬論の本質的基礎を成すものは、『省察』においても『哲学原理』においても、「神は欺瞞者でない」ということの認識であった。その〈神の認識〉は〈ア・ポステリオリな証明〉によって担われた。その〈ア・ポステリオリな証明〉は、一方で『省察』においてはその「第五省察」のなかで、〈ア・プリオリな証明〉を〈権利上〉導いた。〈権利上導いた〉と言うのは、〈神には必然的存在が帰属するということを証明した〉、という意味である。しかし、〈権利上〉証明するに到る前に、神存在の〈ア・ポステリオリな証明〉はその〈ア・プリオリな証明〉を、やはり〈特権的なものとして〉、〈事実上〉語った。〈特権的なものとして語った〉と言うのは、〈ア・プリオリな証明〉は〈ア・ポステリオリな証明〉の根底にも暗々裡に存したのであるが、それが「第四省察」の誤謬論において主題化された、という意味である。そして、その〈主題化〉は〈内発的同意の自由〉の発現として表現されたが、その〈発現〉が単に〈神の自由〉としてばかりでなく〈人間の自由〉としても表明されたことがとりわけ〈特権的〉であった。他方で『哲学原理』では、神の存在証明の全てが一箇所にまとめられて、誤謬論の前に論じられた。とりわけ、〈ア・プリオリな証明〉は、〈事実〉を通してそれをかいくぐって〈権利〉として打ち立てられる、ということなく、〈ア・ポステリオリな証明〉と分断されて、証明の最初の位置に置かれた。神に帰属すべきとして語られた「必然的存在」も、「可能的存在」から区別されるべきことに言及されはするが、当の「可能的存在」の帰属すべき事物の〈本質〉についての吟味は果されていないために、〈ア・プリオリな証明〉は完全には〈主題化〉されることなく、単なる〈表明〉に終っている。そして、〈ア・プリオリな証明〉と〈ア・ポステリオリな証明〉が一箇所にまとめられたために、両証明による神概念の混同に由因する混乱も幾つか認められた。たとえば、「三十五節」では、その前半で〈厳密で形相的にみられた〉意志が語られていて、〈内発的同意の自由〉が含意的に表明されているにもかかわらず、後半ではその意志が知性の射程を越えてまで及ぶと締め括られている。「三十八節」では、その前半で人間の誤謬は「本性における欠陥」ではなくて「行為における、言うなら自由の使用における欠陥」であると語って、〈ア・ポステリオリな証明〉を前提しているにもかかわらず、後半での神概念の説明（「神の支配力」の説明）は〈ア・プリオリな証明〉の表明であって、人間の自由と神の自由とが同じ平面で語られることにより、結果的には両証明における神概念の混同が認められる。また「四十一節」では、その前半の〈神概念〉の提示そのものは〈ア・プリオリな証明〉の相のもとに行なわれるけれども、後半の〈当の神概念の説明〉は〈ア・ポステリオリな証明〉の相のもとで果される、といった具合である。いずれにせよこれらは、〈ア・プリオリな証明〉が〈ア・ポステリオリな証明〉と分断されることによって権利上の特権性を奪われた結果、両証明における神概念の混同が生じたことに起因する事態であった。

「神は欺瞞者でない」ということの認識に依拠して論決される〈明証性の規則〉の問題は、『省察』と『哲学原理』とにおける誤謬論と自由論に、もっとも深刻な関与を示した。当の

〈規則〉は両著作ともに〈ア・ポステリオリな証明〉に依拠して論決された。しかるに、一方で『哲学原理』においては、われわれの誤謬は「われわれの行為における、言うなら自由の使用における欠陥」であって「われわれの本性における欠陥」ではないと規定されて、当の〈規則〉による〈われわれの本性〉の保証は誤謬論を通して一貫していた。これに対して、他方『省察』では、「第五省察」において当の〈保証〉に変更が加えられたのである。〈ア・プリオリな証明〉のもとに「必然的存在」から「可能的存在」が入念に区別されて、〈われわれは明晰判明に知覚すべく同じ一つの事物に精神の眼を常に据え置くことができない〉という〈われわれの本性〉が主題化された。この〈主題化〉は、「第四省察」で〈内発的同意の自由〉という特権的な（言うなら、権利上の）事態との対比のもとに、消極的に〈〈最低段階の自由〉として〉規定された〈「非決定」の〉自由〉の主題化、を意味した。「第四省察」においてそのように〈消極的に規定された〉とはいえ、あの〈明証性の規則〉による〈われわれの本性に対する保証〉は当の「第四省察」を通して一貫していたのであって（それゆえ、〈「非決定」の自由〉こそは〈人間的自由〉の通常の在り方を語るものだ、とわれわれは述べた[99]のである〉、それが当の〈「非決定」の自由の主題化〉によって〈われわれの本性に関する変更〉という事態を結果したのである。そのようにして初めて、〈ア・プリオリな証明〉は真実〈権利〉として打ち立てられ、〈内発的同意の自由〉が〈「非決定の自由」を基礎づけることになる。繰返して言うなら、われわれは〈明晰判明に知覚すべく同じ一つの事物に精神の眼を常に据え置くことのできないものでありつつあるものとして、現実に明晰判明に知覚する〉ような本性のものである、という事態である。

デカルトによれば、〈内発的同意の自由〉は意志決定の行為における〈当の行為の遂行それ自体〉の自由の特性であるという。[100] それは、〈為すあるいは為さぬことができる〉という事態としての〈「非決定」の自由〉が同じく意志決定の行為における〈当の行為の前〉[101]の自由を特徴づけるのに対して、著しい対照を示す。実際、先にも述べた如く、〈内発的同意の自由〉は、神にあっても、人間にあっても（〈コギト〉の現実の働きとして）、〈知性と意志との絶対的一致〉という〈権利上〉のいわば特権的事態として発現した。人間にあっては、〈方法的懐疑〉が一切の対象の根拠なき措定を禁ずべく、知性の本質的受動性をあばき出すと同時に、新たに対象を能動的に措定し直すことによって、真の意味での〈知性の能動性〉を主題化しようとした（ここに、われわれは厳密な意味での〈意志〉の成立をみた、のである）。この努力は〈受動の能動化〉という過程においては〈私の注意作用〉によって支持されるのであるが、ひとたび〈コギトの発見〉としての〈知性即意志〉という事態が成就されるや、それはもはや〈私の注意作用による支持〉といった心理的次元の事態ではなく、〈権利上〉のものとしてのすぐれて論理的次元の事態である。このように、〈内発的同意の自由〉は〈行為の遂行それ自体〉にかかわるものであるがゆえに、「独り（行為）遂行の容易さ（sola operandi facilitas）」ということのうちにのみあり、その場合「自由であること（liberum）、自発的であること（spontaneum）、意志的であること（voluntarium）」がまったく同じ一つのことを意味するのである。[102] かくして、〈「非決定」の自由〉という事実を通して権利として打ち立てられる〈内発的同意の自由〉が、当の〈「非決定」の自由〉を基礎づけるのである。その意味で〈内発的同意の自由〉を「知性が提示する明証知への意志の自己限定的な同意」と規定する[103]ことには、われわれとしては多少の違和感を覚える。「意志の明証知への同意は自己限定的である」と言われるとき、〈知性と意志との絶対的一致〉が理解されるのではなく、却って〈知性の射程内への意志の閉じ込め〉が思い浮かべられるからである。右の〈絶対的一致〉はあくまでも〈権利上〉として語られるのであって、意志の射程を広げるとか狭めるとかの問題ではないのである。

さて、いずれにせよ、『哲学原理』では〈明証性の規則〉による〈われわれの本性〉の保証が一貫していたため、〈「非決定」の自由〉の行使が専ら支持された。〈内発的同意の自由〉も〈神存在のア・プリオリな証明〉が語られるなかで含意的には示されているのが散見されるが、明示的に表明されたのは「三十七節」の一箇所のみくらいである。そればかりか、「三十九節」や「四十一節」では〈「非決定」の自由〉が強調されさえしている観があるほどである。しかし実際は、〈強調されている〉のではなく、先に少しく触れた如く、むしろ〈主題化されていない〉、と言われるべきであろう。つまり、それは神存在の証明以後（「四十一節」）もそれ以前（「三十九節」）と同じように〈自明のもの〉として取り扱われているということである。とはいえ、『省察』と『哲学原理』とでは〈自由〉の概念に関して一見

〈明らかに対照的〉と思える点が認められる。それは冒頭でも述べた如く、両著のあいだには「論証法」に差異がみられたことに起因すると思われる。とりわけ、〈神の存在証明〉に関しては両著でのその差異は著しく、その結果〈明証性の規則〉による〈われわれの本性〉にかかわる保証の仕方の差異が生じたものと思われるのである。

注

（1）*Descartes à Mersenne, 24 décembre, 1640?*, AT, III, pp. 266-267. ［　］内は引用者による補足。
（2）*2ae Responsiones*, AT, VII, p. 155.
（3）拙著『デカルトの「観念」論――『省察』読解入門』知泉書館、二〇〇五年、一九六―一九七頁参照。
（4）前掲拙著、一九九頁。
（5）*2ae Responsiones*, AT, VII, pp. 155-156.
（6）この章は前掲拙著の「Ⅳ第四省察「真と偽とについて」」における分析を論じ直したものである。叙述が重なる部分も多々あるが参照されたい。
（7）*2ae Responsiones*, AT, VII, pp. 142-143. ［　］内は引用者による補足。
（8）*6ae Responsiones*, AT, VII, p. 428. ［　］内は引用者による補足。
（9）この〈神における知性と意志との絶対的一致〉が、後述する〈永遠真理被造説〉の一つの表現である。
（10）*6ae Responsiones*, AT, VII, p. 432.
（11）*Descartes au P. Mesland, 2 mai 1644?*, AT, IV, pp. 118-119.
（12）*Ibid*, AT, IV, p. 113.
（13）野田又夫『デカルト』岩波書店、一九六六年、九八頁。
（14）*2ae Responsiones, Definitio 3*, AT, VII, p. 161.

（15）拙著『デカルト研究』創文社、一九九七年、八九頁以下（「懐疑と時間」）参照。

（16）6^{ae} *Responsiones*, AT, VII, pp. 431–432.

（17）*Descartes à Mersenne, 15 avril 1630*, AT, I, p. 145.

（18）*Descartes à Mersenne?, 27 mai 1630?*, AT, I, p. 153; cf. *Descartes au P. Mesland, 2 mai 1644?*, AT, IV, p. 119; *Prin, I, 23*, AT, VIII-1, p. 14.

（19）〈永遠真理被造説〉と〈神存在のア・プリオリな証明〉との関係についての詳しい検討は、前掲拙著『デカルト研究』四〇頁以下を参照。

（20）*Descartes au P. Mesland, 2 mai 1644?*, AT, IV, pp. 118–119.

（21）cf. *Ibid*, AT, IV, p. 119.

（22）Boutroux, E., *Des vérités éternelles chez Descartes*, thèse latine traduite par M. Canguilhem, Alcan, 1927, pp. 67–68.

（23）注（11）参照。

（24）cf. 2^{ae} *Responsiones*, AT, VII, pp. 147–148; *Descartes au P. Mesland, 2 mai 1644?*, AT, IV, pp. 117–118.

（25）*Descartes et Burman*, AT, V, p. 158.

（26）2^{ae} *Responsiones*, AT, VII, pp. 147–148.

（27）6^{ae} *Responsiones*, AT, VII, p. 433.

（28）*Descartes au P. Mesland, 9 février 1645?*, AT, IV, p. 173.

（29）6^{ae} *Responsiones*, AT, VII, p. 433.

(30) 前掲拙著『デカルトの「観念」論』八八―八九頁。

(31) cf. *I*^{ae} *Responsiones*, AT, VII, p. 101.

(32) *I*^{ae} *Responsiones*, AT, VII, pp. 119-120.

(33) *2*^{ae} *Responsiones*, *Axioma 4*, AT, VII, p. 165.

(34) *2*^{ae} *Responsiones*, *Definitio* 3, AT, VII, p. 161. ［　］内は引用者による補足。

(35) *I*^{ae} *Responsiones*, AT, VII, p. 102.

(36) *Ibid*, AT, VII, p. 103.

(37) *I*^{ae} *Objectiones*, AT, VII, p. 92 et *I*^{ae} *Responsiones*, AT, VII, p. 102.

(38) cf. *Descartes à Regius*, *juin 1642*, AT, III, pp. 566-567.

(39) *3*^{ae} *Responsiones*, AT, VII, p. 185.

(40) *2*^{ae} *Responsiones*, *Axioma 5*, AT, VII, p. 165. ［　］内は引用者による補足。

(41) *I*^{ae} *Responsiones*, AT, VII, pp. 103-104.

(42) *I*^{ae} *Responsiones*, AT, VII, p. 103.

(43) 〈原因のうちには、この原因の結果のうちに在るのと少なくとも同じだけの実在［完全］性がなければならない〉という場合、原因が結果のうちに在るのと同等の実在［完全］性を有するとき、原因は結果を「形相的に」含むと言い、また、原因が結果よりも多くの実在［完全］性を有するとき、原因は結果を「優勝的に」含むという。

(44) 〈causa efficiens〉に関しては、著者はこれまで〈作用原因〉という訳語を用いてきたが、小林道夫『デカルト哲学の体系』勁草書房、一九九五年、二一七頁での考証にならって、改めた。

（45）*Descartes à Mersenne, 31 décembre 1640*, AT, III, p. 274.

（46）1^{ae} *Responsiones*, AT, VII, p. 108.

（47）*Ibid.*

（48）cf. 4^{ae} *Responsiones*, AT, VII, pp. 239–240.

（49）1^{ae} *Responsiones*, AT, VII, pp. 108–109.

（50）2^{ae} *Responsiones*, *Definitio 2*, AT, VII, pp. 160–161.

（51）これはフランス語訳（AT, IX-2, p. 33）による補足である。

（52）1^{ae} *Responsiones*, AT, VII, p. 108.

（53）4^{ae} *Responsiones*, AT, VII, p. 238.

（54）1^{ae} *Responsiones*, AT, VII, p. 109.

（55）5^{ae} *Responsiones*, AT, VII, p. 368. 傍点は引用者の付したもの。

（56）*Ibid.*

（57）2^{ae} *Responsiones*, *Axioma 4, 5, 6*, AT, VII, p. 165.

（58）*Descartes et Burman*, AT, V, p. 148.

（59）*Ibid*, AT, V, p. 155.

（60）*Ibid*, AT, V, p. 148; cf. 5^{ae} *Responsiones*, AT, VII, pp. 369–370.

（61）1^{ae} *Responsiones*, AT, VII, p. 109.

(62) *Ibid*, AT, VII, p. 106.
(63) *Ibid*, AT, VII, p. 109.
(64) *Ibid*, AT, VII, p. 107.
(65) *Ibid*, AT, VII, p. 111.
(66) *Ibid*, AT, VII, p. 109.
(67) *Ibid*, AT, VII, pp. 110-111.
(68) 4^{ae} *Responsiones*, AT, VII, p. 235.
(69) *Ibid*, AT, VII, p. 236.［ ］内及び傍点は引用者による補足。
(70) *Ibid*, AT, VII, pp. 236-237.
(71) *Ibid*, AT, VII, p. 242.
(72) cf. *Ibid*, AT, VII, p. 236 et p. 238.
(73) 神が〈不変〉で〈不動〉と形容されるのは、したがって、〈自己が自己を産出するとき、産出される自己は「自己結果」ではない〉、ということを意味している。
(74) 4^{ae} *Responsiones*, AT, VII, pp. 240-241.
(75) 5^{ae} *Responsiones*, AT, VII, pp. 370-371.
(76) *Ibid*, AT, VII, p. 371.
(77) 3^{ae} *Responsiones*, AT, VII, p. 189.
(78) 4^{ae} *Responsiones*, AT, VII, pp. 246-247.

(79) *2^{ae} Responsiones*, AT, VII, p. 133.
(80) *5^{ae} Responsiones*, AT, VII, p. 372.
(81) *Ibid.*
(82) *Descartes et Burman*, AT, V, p. 156.
(83) *4^{ae} Responsiones*, AT, VII, p. 243.
(84) *Ibid*, AT, VII, p. 238.
(85) cf. *Descartes au P. Mesland, 2 mai 1644?*, AT, IV, pp. 118–119.
(86) *1^{ae} Responsiones*, AT, VII, p. 118.
(87) *Ibid.*
(88) cf. *2^{ae} Responsiones*, AT, VII, p. 152.
(89) Rodis-Lewis, G., *L'œuvre de Descartes*, 2 vols, Vrin, 1971, t. 1, p. 315.
(90) *Descartes et Burman*, AT, V, p. 160.
(91) *1^{ae} Responsiones*, AT, VII, p. 116.
(92) *2^{ae} Responsiones, Propositio 1, Demonstratio*, AT, VII, p. 167.
(93) *2^{ae} Responsiones, Postulatum 5*, AT, VII, p. 163. [ ] 内は引用者による補足。
(94) *Descartes et Burman*, AT, V, p. 153.
(95) cf. Gueroult, M., *La vérité de la science et la vérité de la chose dans les preuves de l'existence de Dieu* suivi de *Discussion*, Cahiers de Royaumond, Philosophie N°11, Eds de Minuit, 1957, p. 122 における Henri Gouhier

の発言。

(96) *5ae Responsiones*, AT, VII, p. 380.

(97) Rodis-Lewis, G., *op. cit.*, p. 328.

(98) *Descartes et Burman*, AT, V, p. 152.

(99) 本書五五頁参照。

(100) *Descartes au P. Mesland?, 9 février 1645?*, AT, IV, p. 173.

(101) *Ibid.*

(102) *Ibid*, AT, IV, pp. 174-175.

(103) 小林道夫、前掲書、二三九―二四〇。

あとがき

本書はデカルトの誤謬論と自由概念に関して、同じ形而上学的著作である『省察』と『哲学原理』（第一部）との記述を比較検討したものである。本書執筆の動機となったのは、畏友小林道夫氏が、拙著『デカルトの「観念」論——『省察』読解入門』（知泉書館、二〇〇五年）に関する「書評」の労を引き受けて下さった際に（『フランス哲学・思想研究』第11号、日仏哲学会編、二〇〇六年、一九五—一九七頁）賜わった次のようなご指摘である。すなわち、〈『省察』では、神の存在証明が出現した後は、「非決定の自由」は「不決定」ということであって、精神の弱さを証すものとして消極的に解される。しかし『哲学原理』では、同じ「非決定の自由」が、神の存在証明、およびその後の明証性の規則の定立の後において、全面的に肯定されている。この点を著者はどう解するのか。〉、というものであった。この貴重なご指摘は、右の「非決定の自由」の問題に関しては勿論のこと、さらには〈何故「第四省察」においては、内発的同意の自由が強調されるのか〉の問題に関しても、著者に考察を促した。ここに記して、小林氏に謝意を表したい。

『省察』から『哲学原理』へのこの〈自由〉概念の変遷の問題は、今では古典的著作となったジルソンの『デカルトにおける自由と神学』（一九一三年）にまで溯る。デカルトは『省察』執筆のときにはアウグスティヌス主義のジビューフの神学の立場に加担するために〈内発的同意の自由〉を強調したが、『哲学原理』執筆の時期には今度はこの著作がジェズイットの学校で教科書として使用されることを期待して、〈非決定の自由〉を重視するこの宗派の見地に与にしてモリナ主義の立場を取った、とジルソンは言う。要するに、この問題に関してはデカルトは「一種の神学的折衷主義」に立っていた、というわけである（小林道夫『デカルト哲学の体系』勁草書房、一九九五年、二三四頁参照）。このジルソンの見解は我が国のデカルト研究の歴史において長く語りつがれ、半ば定説となった観があるが、デカルトの〈自由〉概念に関する『省察』ならびに『哲学原理』に内在する固有の論理を追求しようとする著者の立場からすれば、ジルソンの神学論争にかかわるこの考証は外面的なもののように思われたため、触れないでおくことにした。

誤謬論と自由概念の比較検討とはいえ、その基礎はあくまで『省察』の記述に置いた。そのため、本書は前掲拙著の記述に大いに依拠している。重複する部分も多々存するが、参考にしていただければ幸いである。

本書の出版にあたっては、知泉書館の小山光夫氏が今回も快く引き受けて下さった。厳しさを増す出版事情のもとご厚情を賜わり感謝申し上げたい。また、高野文子氏にも出版にかかわるあらゆる事柄についてご尽力いただいた。厚くお礼申し上げたい。

二〇一四年六月

福居　純

索　引

あ　行

か　行

さ　行

た・な　行

は　行

ま　行

や　行

ら　行

福居　純（ふくい・あつし）
1938年愛媛県に生まれる。東京大学教養学部教養学科卒業。東京大学大学院人文科学研究科博士課程単位取得。西洋近世哲学専攻。一橋大学・東京都立大学名誉教授，博士（文学）。
〔著書〕『デカルト研究』（創文社，1997年），『スピノザ『エチカ』の研究――『エチカ』読解入門』，『デカルトの「観念」論――『省察』読解入門』，『スピノザ「共通概念」試論』（以上，知泉書館，2002年，2005年，2010年），他

〔デカルトの誤謬論と自由〕　ISBN978-4-86285-189-5

2014年6月25日　第1刷印刷
2014年6月30日　第1刷発行

著　者　福　居　　純
発行者　小　山　光　夫
印刷者　藤　原　愛　子

発行所　〒113-0033 東京都文京区本郷1-13-2
電話03(3814)6161 振替00120-6-117170
http://www.chisen.co.jp
株式会社　知泉書館

Printed in Japan　印刷・製本／藤原印刷